강원도의
상쇠들
—②
영서지역 풍물굿

강원도의 상쇠들 - ❷ 영서지역 풍물굿

1판 1쇄 발행 | 2016년 12월 20일

지은이 | 아트코어 굿마을 김원호
고 문 | 김학민
펴낸이 | 양기원
펴낸곳 | 학민사

등록번호 | 제10-142호
등록일자 | 1978년 3월 22일

주소 | 서울시 마포구 토정로 222 한국출판콘텐츠센터 314호(우) 04091
전화 | 02-3143-3326~7
팩스 | 02-3143-3328

홈페이지 | http://www.hakminsa.co.kr
이메일 | hakminsa@hakminsa.co.kr

ISBN 978-89-7193-239-1 (03380), Printed in Korea

이 도서의 국립중앙도서관 출판사도서목록(CIP)은 e-CIP홈페이지(http://www.no.go.kr/ecip)와
국가자료공동목록시스템(http://nl.go.kr/kolisnet)에서 이용하실 수 있습니다.
(CIP제어번호:CIP2017003304)

• 이 책은 강원도, 강원문화재단 후원으로 발간되었습니다.

강원도의 상쇠들

2

영서지역 풍물굿

아트코어 굿마을ㅡ 김원호

학민사
Hakmin Publishers

강원도 전역의 상쇠와 그들의 풍물굿에 대한 글을 모두 쓰려면 적어도 대여섯 권정도 책의 분량이 필요하다. 기존에 발표된 훌륭한 학술 논문이나 단행본도 이미 방대하고, 심지어 각 문화재 단체가 만들어낸 책과 자료, 홈페이지 소개 글도 무척 많다. 민속학이나 국문학, 비교문화론 관점에서 쓴 논문들도 수두룩하다.

학술진흥연구 성격의 이 책은 강원도 각 지역의 풍물굿을 모두 모아 개요 정도로 소개하지는 않는다. 강원문화재단이 요청하는 것은 미래가치를 창출하게 하는 학술이지 기존 정보를 이리저리 편집한 소개서가 아니기 때문이다. 그래서 이 책은 과거의 기억들과 흔적들을 디스플레이한 개괄서나 실태조사 보고서를 지양한다. 지금도 어떡해서든지 살아남아 지역민들과 상호 소통하면서 연행되고 있는 풍물굿만을 조사연구하였다.

강원문화재단에서는 이 학술진흥연구를 위해 강릉농악보존회에도 의뢰하였다. 그래서 자연스럽게 강릉농악보존회에서는 영동농악, 필자는 영서농악으로 나누어서 집중 연구할 수 있었다.

그간 여러 논문과 글들에서 강원도 지역의 풍물굿이 소개되었으나, 현재 문화재급 이외의 지역 현장에서는 대부분 실제 전승되어오는 풍물굿을 치지 않는다. 상쇠는 살아계셔도 그 풍물굿을 할 만한 대오가 거의 와해되어 버린 탓에, 지역적 특성을 가지고 지역민과 오랫동안 친근하게 살아왔던 풍물굿을 어르는 곳은 거의 사라져 버렸다.

영동지역은 강릉농악이 내용—형식이 출중하고 미학적 가치도 뚜렷해서 그 강한 힘이 영동 지역 전체에서 인터렉티브되는 좋은 자양분으로 작용하고 있다. 좋은 예가 양양인데 최정도상쇠의 영향력에 있는 대여섯개 면단위 풍물굿패 2~3백명이 아직도 매년 풍물을 어르어내는데 그 기운이 무척 좋다.

반면 영서지역은 상대적으로 풍물굿이 잘 이루어지는 곳이 그리 많지 않다. 원주 매지농악이 지역의 세시풍속과 결합하여 활동하는 것 이외에는 지역적 특성을 뚜렷이 갖는 성격의 풍물굿판은 잘 보이지 않는다. 전국적인 현상이기도 하지만, 영서지역에서도 지역 풍물굿의 소중한 자산을 가지고 어르어내는 풍물굿이 볼거리 대회용 농악 방식으로 대체되는 일이 나타나고 있다. 볼거리 기예 중심의 농악이 성행하고 있기 때문이다. 각 지역의 오랜 지역적 문화기반에서 다듬어져 왔던 여러 풍물굿적 기제와 소통방식은 급격히 쇠락해져 버렸다. 풍물굿의 내용 뿐 아니라 풍물굿 흐름의 시간성, 지역민들하고만 할 수 있는 고유한 신명 창출의 기제 등은 계속 과소평가되면서 잊혀져 가고 있다. 나아가 전혀 지역적이지 않은 치배 구성과 심지어 장단의 단순화와 고유 타법의 실종이 빈번해지면서 영서지역 고유의 특성을 갖추고 연행되어왔던 지역 풍물굿은 '사라지고 있는 중'이다.

본 연구의 초점은 '현재 실제적으로 연행되고 있는 풍물굿'과 그것을 살아남게 한 상쇠를 소개하는 것을 우선으로 하였다. 나아가 풍물굿을 보존·전승하는 것을 넘어서서 지금 우리 삶의 감수성과 가치관에도 통하는 실제적인 문화예술 양식이 되기 위해 부단히 당대성을 가져내려 하고, 나아가 실제로 '더늠'하고 있는 지역을 연구·분석하는 일을 가장 소중한 과제로 삼았다. 왜냐하면 현실로 존재하는 당대 감수성으로 풍물굿의 가치를 소통해내지 않는 한 풍물굿이 미래로 살아나가지 못하리라는 것은 너무나 자명하기 때문이다.

실제 최근의 풍물굿은 지금 살고 있는 대중과 상호소통하며 고군분투하는 곳만 살아 남았다. 필자가 만난 풍물굿이 춘천의 뒤뚜루농악과 원주 부론풍물굿이 그곳이다.

뒤뚜루농악은 '춘천적'인 것에 맹렬히 집중하면서 춘천의 모든 풍물굿에 대해 놀랄만한 정도로 방대한 조사 사업을 하면서 그들의 지역굿을 보듬어 왔다. 그런데 그러한 생생한 조사자료들을 서가나 장롱에 처박아 놓은 것이 아니라 지금 시대에 살릴 밑천으로 적극 활용하면서 '춘천적'으로 조금씩 진화하면서 커나가고 있다.

부론풍물굿은 전승되어져 내려오는 풍물굿을 여전히 어를 수 있는 세대가 아직 살아계시고 여기에 젊은 풍물굿쟁이와 예술가, 그리고 지역 구성원들이 결합하여 한 대오를 새로이 이루면서 우리 시대에 재생시키려 하고 있다. 더 나아가 용맹하게 더늠을 하면서 현실 삶과의 소통력을 키우고 있다.

　　이 두 곳을 생성미학 관점으로 추적하였다. 생성미학은 '산채로 좇아가, 분석이 아닌 전인적 해석으로 하는, 가시적인 것과 불가시적인 것을 통째로 읽어내는 통학문적 접근방식'이다. 그래서 필자는 풍물굿을 늘 이 생성미학으로 해석한다. 물론 이 방법은 민속학 등 여러 분야의 선행 연구자들의 노고가 있었기 때문에 가능하다.

　　춘천 뒤뚜루농악의 '춘천적'인 것, 부론풍물굿의 '더늠'이라는 각자 고군분투하며 챙긴, 살아있는 화두들을 생성미학적 관점에서 들여다 보는 것이 이 책의 성과이다. 이를 바탕삼아 강원도 전역에서 이 두 지역 이외에 당대성을 가지고 살아나갈 수 있는 힘을 가진

지역을 계속 찾아보고 헤아려 볼 것이다.

　지역의 풍물굿이 조금씩 재생되기를 희망한다. 그것이 밑천되어야 진정한 풍물굿이다. 풍물굿은 하나의 양식으로서만 발전하는 것이 아니라 삶의 가치와 감수성이 만나 당대 신명을 창출하여 근원적 기쁨으로 안돈되는 문화 자체가 되는 일이기 때문이다.

김원호 배상

C○NTENTS

첫째마당　　　13
강원도 영서지역
풍물굿 개요

둘째마당　　　21
원주
부론풍물굿

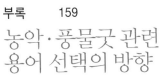

강원도의
상쇠들——❷
영서지역 풍물굿

강원도
영서지역
풍물굿 개요

유옥재는 1990년에 강원도 영서농악에 대해 글을 썼다.[1] 영동·영서의 구분을 주로 자연환경으로 나누고, 영동농악은 "풍어제 및 당산굿이 주로 행하여 졌으며 진취적이고 단조로우며 짜여진 단체 행동과 판굿이 특색이다"라고 하고, "영서문화는 소박한 농촌의 멋과 자연과 친숙된 내용의 풍습·습속 등이 행하여 지고 있으며, 조용하면서도 순박하고 은근하며 깊은 감칠맛을 풍긴다"라고 구분하고 있다. 그가 1982년 강릉문화원에서 발간한 [임영문화대관]을 통해 부연한 설명은, "영서농악은 들판보다는 주로 뜨락이나 넓은 집마당, 행길 등에서 행해졌으므로 소박하고 정적이며 여성적인 체취가 풍기는데 특히 여장남무의 무동놀이와 동골이 받기 같은 것은 특징있는 연희 형태이다." 그가 영서지방 농악으로 당시 조사한 것은 철원 토성, 횡성 정금, 평창 중리, 원주 매지리 등 네 군데이다.

이정배는[2] 「농악, 흥겨운 놀이의 힘」이라는 글에서 춘천의 사암리 농악을 전형으로 여겨 영서농악을 다음과 같이 얘기한다.

---

[1]   「강원도 영서농악에 관한 조사 연구」, (강원대학교 체육교육과 부교수). 유옥재는, 「강원도 영동농악에 관한 조사연구」라는 논문도 썼다.

[2]   강원도 계간지인 「문화통신」 편집위원. 인용한 글은 2016년 가을 호에 실렸다.

... 춘천의 농악이 신년 초하루나 정월 대보름에 기원을 둔 제의굿보다는 농사를 중심으로 한 두레굿의 형태를 지니고 있다 ... 경기농악이나 충북농악과 유사성을 갖고 있다. 이들 농악은 농경지를 중심으로 한 두레굿을 펼친다는 공통점을 갖고 있다. 음악의 장단은 타 지역보다는 느리고 춤사위도 빠르지 않다. 짜임새가 정교하지 않으며 화려한 진법을 펼치거나 놀이를 중심으로 흥을 이끌어가지 않는다. 마을 공동체의 결속을 주요 목적으로 하기 때문에 풍물의 화려한 기교나 벅구의 다양한 볼거리를 제공하지 않는다.

영동농악과의 비교를 통해 영서농악을 얘기한다.

... 강릉농악으로 대표되는 영동농악은 장단이나 구성에 있어 특이성을 가지고 있다. 백두대간이라는 지리적으로 큰 방벽에 의해 분리되어 있어 독자적인 특성을 계승하고 있었다. 그러나 경기도와 인접한 영서지역의 농악은 경기농악의 영향을 지속적으로 받아왔다. 현 시점에서 예능적 요소로 살펴보면, 경기농악과 영서농악 사이에는 차별성이 보이지 않는다. 강원도 농악이라는 큰 범주에서 농악을 바라보면, 영동농악은 빠르고 동적인 요소가 많은 반면, 영서농악은 상대적으로 느리고 정적인 요소가 많다. 영동농악은 동중정을 주목한다면, 영서농악은 정중동에 초점을 두고 있다. 또한 영동농악이 가시적이고 예능적인 요소가 많다면 영서농악은 비가시적이고 정신적인 요소가 많다.

[두산백과에]서 강원도 농악을 정의하는데, 아예 강원도농악 범

주에서 영서를 제외시킨다.

　　강원농악은 태백산을 경계로 영동농악과 영서농악으로 나누어지는
데, 영서농악은 경기농악과 거의 같으므로 강원농악의 특징은 양양, 강
릉, 삼척, 평창 등지에 전승되고 있는 영동농악에서 찾아야 할 것이다

『한국 전통연희사전』에서도 마찬가지이다.

　　강원 지역의 농악은 크게 원주, 횡성, 춘성 등지의 영서농악과 강
릉, 삼척, 평창 등지의 영동농악으로 구분되는데, 영서농악이 경기농
악과 유사한 반면, 영동농악은 나름의 지역적 개성을 가진다

　　이상의 설명들을 보면 영서지역의 풍물굿적 분류와 특성은 의외
로 자연환경 정도의 기준으로 간단하게 설명되고, 경기도와 비슷하
다는 이유로 강원도농악으로 제대로 위상지우지도 않는다.
　　필자는 오히려 지역의 특성을 좀 더 세분해서 바라보고, 또 도계
를 벗어난 확장성으로 영서지역을 들여다보면 챙길 것이 있다고 생
각한다.
　　풍물굿과 그를 형성한 문화적 관점에서 볼 때, 강원도 영동지역
은 권역적 성격과 특징이 일사분란하다. 문화적 동질성이 강한 것
이다. 그래서 이 권역에서 배태된 문화, 언어, 민속, 예술 등의 성격
과 모습들은 크게 상이하지 않다. 한 마디로 영동적 성격이란 것이
뚜렷이 드러나 있는 것이다. 그래서 태백산맥을 기준으로 동·서를

가르는 문화적 구분법으로 영동이라는 권역적 지칭을 하는 것은 타당하게 보인다.

영서 지역은 좀 복잡하다. 행정적 지칭이야 어쩔 수 없지만 문화적 권역으로서는 여러 가지 따져보아야 할 것이 많고, 특히 풍물굿은 그 특징을 헤아리려야 할 때 좀 더 세밀하거나 또는 확장된 구분법을 써야 한다고 생각한다. 언어와 문화 차원에서 태백산맥 동쪽의 성격은 보다 상대적으로 뚜렷한 만큼 영동 지역의 풍물굿은 확연한 성격을 가지고 있다. 그러나 문화적 권역이 좀 세분되어 존재하는 영서 지역에서는 풍물굿도 다분화되어 존재하고 있다. 군악설이 강화된 곳, 농경모의 수준의 농사풀이가 공유된 곳, 경기 웃다리적 놀이굿이 있는 곳 등이 그것이다. 그래서, 풍물굿에서 영동/영서의 구분은 일단 확연히 다른 풍물굿 형식과 설득기제를 갖고 있다는 점에서 만큼만 유효하다. 영서는 보다 다른 차원으로 들여다보아야 하는 것이다. 그를 위해 무엇보다 영서 지방에 대한 인문ー문화ー예술적 규정과 그 내외적 동질성을 다각도로 헤아려보는 것이 필요하다. 게다가 풍물굿 입장에서 보면 태백산맥 서쪽의 성격은 강원도계내만으로는 충분히 설명이 되지 않는 것도 꽤 존재해서 영서 권역의 풍물굿 지형도와 나아가 문화적 지형도를 세분ー확장하는 것은 상당히 어려운 일이 된다.

풍물굿 차원에서 영서 지역을 돌아다니면서 두 가지 고민이 생겼는데, 강원도계내 중간지대에 대한 설정과 규정 문제, 그리고 한강권역으로 도계를 허물어야 할 수도 있다는 문제가 그것이다.

게다가 차라리 한강권역 수계로 권역을 설정했을 때가 영서지방의 풍물굿 성격을 도출해내기가 좀 더 현실 개연성이 높게 설명될 수 있는 일이 존재한다. 북한강 수계권을 통해 강화도 지역까지, 남한강 수계권을 따라 충주 권역까지, 비슷한 풍물굿거리나 인접 문화가 두루 존재하고 있기 때문이다. 그리고, 영서지역에 속하지만 영동권역의 문화와 습합이 빈번한 중간지대도 존재한다.

그래서, 영서지역은 풍물굿 차원에서 일단 두 권역으로 분류할 수 있다. 영동지역과 문화적 교류가 실제 있어왔던, 평창, 정선, 태백의 산간지대 권역, 그리고 한강수계권역이다. 한강 수계권도 좀 더 세분화할 수 있는데 춘천을 중심으로 뗏목수로길을 통한 인제, 양구, 화천, 철원, 홍청 권역과, 남한강을 통한 원주, 영월, 횡성 권역이다. 그리고 춘천, 홍천, 횡성, 원주가 종으로 연결되는 문화지대도 있다. 특히 한강수계권의 풍물굿은 도계를 넘어, 양주 효천농악, 고양 송포 호미걸이, 김포 통진 두레놀이, 강화 열두가락 농악 등과도 공통분모를 형성하고 있다.

다음번의 학술연구로 미룰 수 밖에 없는 설정이지만 무엇보다 풍물굿적 동질성이 존재한다면 서로의 자양분을 가져와서 전승된 풍물굿을 살찌우게 하거나 새로운 더늠의 쏘스로 작용할 수 있기 때문에 이 권역 설정은 유심히 들여다보고 연구할 필요가 있다.

게다가 이제는 하나의 거세고 거칠은 문제가 다가와 권역, 지역별 특징을 급격히 무화시키고 있다. 전국적인 차원에서 대부분의 자생적 지역 풍물굿이 급격히 대회용 농악으로 변이되고 있는 것이다. 지역 주민과 친근하고 익숙한 고유의 어법으로 구성원의 대동 신명을 창출해내는 기제는 소멸되고, 볼거리와 기예 중심으로만 차출되거나 편집되고 있다. 게다가 전국적인 차원에서 각 지역 풍물굿이 두서없이 섞이고 있기까지 하다. 내용부터 타법까지 풍물굿 전 부문에서 일어나고 있는 일이다. 그래서 이제는 어디를 가나 30분 내외로 공연되는, 서로 비슷한 농악이 벌어지고 있다.

물론 긍부정성은 공존한다. 긍정성은 현대적 농악을 해야한다는 문제의식이고, 부정성은 그 변화 과정의 내용과 형식이 기예와 볼거리 중심으로 설정된다는 것이다. 어쩌면 공연 차원에서는 소소할지라도 지역과 깊이 잘 소통하고 있는 풍물굿성을 개화시킬 노력이 없다. 당연히 '현대적으로' 개화되지 못하는 그 미래싹들은 조금씩 사라져버리고 있다. 이것은 초국가 금융독점자본이 자본의 등가적 경쟁이라는 미명 하에 제3세계 경제의 소중한 인문적 특징과 자립적 구조를 허물어뜨리는 것과 비슷한, 노도와 같은 현실이다.

영서지역 풍물굿은 당대 감수성과 가치에 맞게 새로이 살아가기에는 가슴 아플 정도로 급격히 쇠락해있는 상태이다. 전승과 당대 안착의 두 마리 토끼를 잡기 위해 꾸준히 풍물굿을 이루어내고 있는 곳은 필자가 조사한 영역내에서는 원주 매지리농악, 춘천의 뒤뚜루 농악, 철원의 토성농악, 그리고 전열을 재정비한 원주 부론풍물굿 정도이다.(평창 둔전평농악은 중간지대로서 영동농악적 성격이 강하다.) 과거에 한 대오를 이끌고 풍물굿을 지휘했던 늠름한 상쇠들이 아직도 꽤 살아계시지만, 제대로 된 규모로 풍물굿을 어르어낼 수 없는 조건에 놓여진 상태이다.

강원도의
상쇠들— ❷
영서지역 풍물굿

원주
부론풍물굿

01 _ 부론농악보존회

원주시 부론면은 삼도 접경 지역에 있다. 경기도 여주시 점동면, 강천면과 접해있고, 충청도 충주시 앙성면, 소태면과 접해있다. 점동면과 앙성면, 소태면과는 남한강 본줄기, 강천면과는 남한강 지류인 섬강과 경계를 이룬다. 즉 부론면은 남한강을 통해 삼도가 만나는 곳이다. 섬강과 남한강이 만나는 곳에는 조선시대 조세창인 흥원창터가 있는데 이는 부론면에 속한다. 강과 사람이 만나 문화를 공유하는 접경지역이 부론인 것이다.

부론면에는 폐사지가 두 군데 있는데, 법천사지와 거돈사지이다. 유홍준선생의 『나의 문화답사기 ― 남한강편』에 소개된 유명한 폐사지이다. 특히 법천사지 지광국사현묘탑비 궁륭부에 새겨진 그림은 우리 민족 근간의 요체를 한 눈에 보여주는 아름다운 그림이다.[1] 또, 부론면에는 손곡 이달선생 시비가 있다. 허균과 허난설헌의 스승이고 조선시대 3당시인중의 한 사람이다.

---

1)   拙著, 『강원도의 상쇠들- 미학적뿌리』(2016. 학민사), 70~74쪽

이렇듯 부론면에는 문화예술적 환경이 오랫동안 좋았었다. 후술하겠지만, 이는 이 곳의 풍물굿이 우리 시대에도 재생되어 현장성을 가지고 굿을 이루는 좋은 조건과 배경이 된다.

　　부론면의 현재 인구는 2,300명 정도이다. 전형적인 농촌답게 당연히 인구는 고령화로 치닫고 있다. "지난 해 부론면에서 한 명 태어났다"라는 기사가 지역신문인 원주투데이의 사회면 톱에 실릴 정도로 인구는 급격히 감소하고 있는 중이다.

　　이렇게 작은 동네에 풍물굿이 여전히 살아있다. 전국의 많은 동네에서는 풍물굿이 쇠락해서 아예 없어지거나, 기억을 하는 몇 분 정도가 살아계셔도 실제적으로 풍물굿을 이루지 못하는 곳이 대부분이다. 현재 원주에서는 도무형문화재로 지정된 매지농악 말고는 면 단위에서 옛부터 내려오는 풍물굿을 이어받아 지금도 치는 곳은 거의 없다. 부론에는 얼마전부터 젊은 예술가들이 붙어 법고창신의 과정을 밟으려 하는 등 늘 살아있는 풍물굿의 현장을 만들어내려 노력하고 있기까지 하다.

　　부론굿은 전형적인 동네굿이다. 당산굿이 있고, 지신밟이가 있고, 몇 가지 진법을 갖춘 판굿도 있다. 그러나 무엇보다 놀이굿 성격이 강하다. 동네의 세시풍속이나 면 단위 행사에서 늘 굿을 이루는데, 뚜렷한 형식이 없이 무조건 어르고 신명을 만들어내는 즉흥 현장굿의 성격이 강하다. 이러한 동네굿의 장점 때문에, 그간의 유행처럼 대회용 농악으로 차출된 적이 없어서 역설적으로 전승 상태가 좋다.

부론면은 70년대까지만 해도 각 리단위 동네마다 풍물굿이 거했던 곳이다. 법천2리 같은 경우는 벅구잽이가 열 명이 넘게 상모를 돌릴 정도로 규모가 있었다고 한다. 부론농악보존회의 지금 상쇠인 이재천 선생의 말씀으로는 이 벅구잽이들이 양상까지 놀 정도로 굿이 쎘다고 한다. 부론굿도 여늬 풍물굿과 마찬가지로 두레굿이 성행했었는데 그래서인지 보름굿보다는 백중굿을 잘 놀았다고 한다. 백중 때는 좀 크게 논다는 법천리, 단강리, 정산리, 손곡리등의 풍물패들이 전부 부론시장에 모여 굿을 얼러대는데 심지어 씨름판까지 형성되었다고 한다.

그 후 전국적인 현상과 마찬가지로 조금씩 쇠락해가는 와중에, 2003년 부론농악보존회가 결성되면서 다시 생기가 돌기 시작했다. 당시 법천리에 살던 김영준 상쇠를 중심으로 리단위 굿쟁이들이 모여 원주의 치악문화제에 나가서 목도소리로 상을 받게 되었다. 그 돈을 종자돈으로 풍물과 치복을 구입하고 정식적으로 보존회를 결성하여 활동하기 시작한 것이다.

현재 부론풍물굿이 활동하는 공간은 물론 부론면내이다. 해마다 당산굿을 하고 있고 얼마전부터 시작된 [남한강 물축제]에서는 용왕제도 치루고 있다. 그리고 면단위에서 면민이 제일 많이 모이는 최고행사인 체육대회에서 길놀이와 공연을 하고 있으며, 경노잔치, 지역 동창회 등에서 초청받아 굿을 치르고 있다.

원주 치악문화제

당산굿

용왕제

부론면 체육대회

보름굿

법천리 매골 지신밟기

대보름날에는 몇 동네에서(흥호리 등) 여전히 보름굿을 치고 있고, 간단하지만 지신밟기 하는 곳도 있다(법천리 매골). 한마디로 아직도 여전히 살아있는 동네굿을 이루고 있는 것이다.

현재 부론풍물굿은 전승 상태가 좋다. 그런데 몇 년전 김영준 상쇠가 작고하신 후로 급격히 굿이 쇠락해졌다. 김영준 상쇠의 굿을 제대로 받아내지 못한 것이다. 다행이 부쇠를 치던 이재천 선생이 상쇠를 이어받아 부론굿의 맥을 잇기 위해 고군분투중이다.

지금 보존회 어른들을 모두 고령이다. 지금도 북을 치시는 93세 변성석 어른을 필두로 대부분 80대이다. 물론 모두들 여전히 굿을 잘 어르어내고 있다.

고 김영준 상쇠

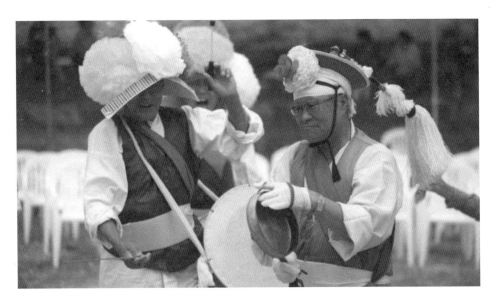

부론론농악보존회 회원

부론론농악보존회 회원

2016년 7월 17일증복
부론농악 보존회 명단

회장 ∨세 최을 이 █████ 8336
∨세 적천 이 █████ 7364
이 이 홍섭 이 █████ 8823
이 안 벽설 이 █████ 4591
∨반 성식 이6 █████ 3190
∨정 양수 이 █████ 3050
∨박 명수 이 █████ 8811
∨김 강의 이 █████ 9297
∨우 종환 이 █████ 3131
∨강 대호 이 █████ 0830
∨김 원호 이 █████ 0355
이강 병호 이 █████ 6337
∨신 현태 이 █████ 9213
∨김 현구 이6 █████ 3208
이석 남 이 █████ 0832
∨원 복구 이 █████ 0845

초청인
면장 홍두계곡 농협지권장 자최위원안
∨ 033 ███ 5630 김██

부론농악보존회 회원 명부

올 해(2016년) 부론농악보존회에 작은 기쁨이 있었다. 강릉농악보존회에서는 해마다 [강원도 쇠명인 한마당]을 하는데 여기에 초청받아 발표를 하고 강릉농악보존회에서 수여하는 명인패를 받은 것이다. 강릉농악보존회에서 2009년부터 개최하여 올 해까지 8회나 진행된 쇠명인 한마당은 강원도 도처에서 활동하거나 활동했던 상쇠들을 모셔오는데 잘 알려지지 않은 상쇠들도 발굴해서 매 년 발표회를 열고 학술마당까지 여는 등, 강원도 풍물굿 전반에 걸쳐서 하는 아주 중요한 행사이다. 우용득 사무국장 서수희 전수조교께서 직접 부론면에 오셔서 이재천 상쇠와 이해돌 회장을 만나 뵙고 초청을 해주신 것이다.

쇠명인 한마당
팜플렛 표지

상쇠명인전-이재천상쇠

이재천상쇠 명인패

02 _ 부론풍물굿 장단

현재 부론농악보존회에 전승되고 있는 장단은 다음과 같다. 부론풍물굿의 전승과 발전을 위해 애쓰는 [광대패 모두골] 대표인 정대호씨가 정리한 것이다.

가. 모음굿

1) 일채 (난타)

쇠	개	갱		개	갱		갱			갱			
징	징			징			징			징			조인다.
장구	더	덩		더	덩		덩			덩			
북	두	둥		두	둥		둥			둥			

2) 준비

쇠	갠	지	개	개	갠		갠	지	개	개	갠	여러반 치다가 조인다. (개갱 갱 갱 갱.....)
징	징						징					
장구	덩		따	쿵	따		덩		따	쿵	따	
북	둥		두	두	둥		둥		두	두	둥	

3) 정렬 (이채)

쇠	그랑	갱	그랑	갱	그랑	갱	그랑	갱
징	징				징			
장구	덩	따다	쿵따	쿵	덩	따다	쿵따	쿵
북	둥	두	둥	두	둥	두	둥	두

4) 맺는 가락

쇠	개	갱		개	갱		갱		객		
징	징				징						징
장구	더	덩		더	덩		덩		덕		
북	두	둥		두	둥		둥		딱		

나. 길굿

1) 길굿 본가락

쇠	갱		개	갱	-두	개	갱	-두	개	객		개
	갱	-두	개	갱	-두	개	갱	-두	개	객		개
	갱	갱	갱	갱	-두	개	갱	-두	개	객		개
징	징			징			징					
장구	덩		덩	덩	-따	쿵	덩	-따	쿵	덩		덩
	덩	-따	쿵	덩	-따	쿵	덩	-따	쿵	덩		덩
	덩	덩	덩	덩	-따	쿵	덩	-따	쿵	덩		덩
북	둥		둥	둥	(따)	둥	둥	(따)	둥	둥		둥
	둥	(따)	둥	둥	(따)	둥	둥	(따)	둥	둥		둥
	둥	둥	둥	둥	(따)	둥	둥	(따)	둥	둥		둥

2) 연결가락1

쇠	갱	두	개	객		개	갱	두	개	객		개
징	징						징					…
장구	덩		기닥	쿵		따	덩		기닥	쿵		따
북	둥	(딱)	둥	둥		둥	둥	(딱)	둥	둥		둥

3) 연결가락2

쇠	갱	두	개	갱	두	개	갱	두	개	갱	두	개
징	징			징			징			징		…
장구	쿵	따	따	쿵	따	따	쿵	따	따	쿵	따	따
북	둥		두	둥		두	둥		두	둥		두

다. 삼채

1) 삼채 본가락

쇠	갱		개	갱	두	개	갱	두	개	객	갱
	갱	두	개	갱	두	개	갱	두	개	객	갱
	개	갱		객		개	갱	-두	개	객	갱
징	징			징			징				
장구	덩			덩			덩		따	쿵	따
	덩		따	쿵	따		덩		따	쿵	따
	더	덩		덩			덩		따	쿵	따
북	둥		두	둥		두	둥		둥		둥
	둥		두	둥		두	둥		둥		둥
	두	둥		둥		두	둥		둥		둥

2) 연결가락1

쇠	갱	두	개	개	갱		갱	두	개	개	갱	
징	징						징					
장구	덩		따	쿵	따		덩		따	쿵	따	...
북	둥		두	두	둥		둥		두	두	둥	

3) 연결가락2

쇠	갱	두	개	갱	두	개	갱	두	개	갱	두	개	
징	징			징			징			징			
장구	쿵	따	따	쿵	따	따	쿵	따	따	쿵	따	따	...
북	둥		두	둥		두	둥		두	둥		두	

4) 이채

쇠	그랑	갱	그랑	갱	그랑	갱	그랑	갱
징	징				징			
장구	덩	따다	쿵따	쿵	덩	따다	쿵따	쿵
북	둥	두	둥	두	둥	두	둥	두

라. 들메기굿 가락

쇠	갱	두	개	갱	갱	두	개	갱	갱	두	개	갱	두	개	갱	두	개	갱
	갱	두	개	갱	갱				갱	두	개	갱		갱				
징	징				징				징			징			징			
	징				징													
장구	덩	기	닥	쿵	덩	기	닥	쿵	덩	기	닥	쿵	기	닥	덩	기	닥	쿵
	덩	기	닥	쿵	덩				덩	기	닥	쿵		덩				
북	둥		두	둥	둥		두	둥	둥		두	둥		두	둥		두	둥
	둥		두	둥	둥		둥		두	둥		둥						

마. 날메기굿 가락

1) 쇠가 먼저 치면 나머지가 받아친다(품앗이가락).

쇠	갱		갱	두	개	갱	두	개	갱
징	징								
장구	덩		덩		따	덩		따	쿵
북	둥		둥		두	둥		두	둥

2) 쇠가 연결해서 치면 같이 친다.

쇠	갱		갱	두	개	갱	두	개	갱
징	징								
장구	덩		덩		따	덩		따	쿵
북	둥		둥		두	둥		두	둥

3) 쇠가 뭉개듯이 갱두개 가락으로 넘어간다.

쇠	갱	두	개	객		개	갱	두	개	객		개
징	징					징						
장구	덩		기닥	쿵		따	덩		기닥	쿵		따
북	둥	(딱)	둥	둥		둥	둥	(딱)	둥	둥		둥

4) 넘김가락

쇠	갱	두	개	갱	두	개	갱	두	개	갱	두	개	
징	징			징			징			징			···
장구	쿵	따	따	쿵	따	따	쿵	따	따	쿵	따	따	
북	둥		두	둥		두	둥		두	둥		두	

바. 정첨지 뱃가죽

1) 불림 2채

쇠	갱		갱	두	갱	두	갱
	개	갱	갱	두	갱	두	갱
징	징						
	징						
장구	덩		덩	따	쿵	따	쿵
	더	덩	덩	따	쿵	따	쿵
북	둥		둥		둥		둥
	두	둥	둥		둥		둥

2) 넘김가락1

쇠	갱	두	갱	갱	두	갱	갱	두	갱	갱	두	갱	
징	징			징			징			징			···
장구	쿵	따	쿵	쿵	따	쿵	쿵	따	쿵	쿵	따	쿵	
북	둥		둥	둥		둥	둥		둥	둥		둥	

3)* 넘김가락2

쇠	갱	두	갱	두	갱	두	갱	두	
징	징		징		징		징		…
장구	쿵	따	쿵	따	쿵	따	쿵	따	
북	둥		둥		둥		둥		

사. 맺음굿(마감굿)

쇠	갱	-두	갱	갱	-두	갱	갱	갱두	갱두	갱	-두	갱
	갱		객	갱		객	갱	-두	갱	객		
징												
										징		
장구	덩		덩	덩		덩	덩	쿵따	쿵따	쿵	-따	쿵
	덩		딱	덩		딱	덩	-따	쿵	덩		
북	둥		둥	둥		둥	둥	둥	둥	둥	-두	둥
	둥		딱	둥		딱	둥	-두	둥	둥		

* 마지막 장단은 세게 친다.

03 _ 부론풍물굿을 추동하는
세 단체와 세 명의 상쇠

　　현재 부론농악보존회에는 모임이 세 개가 있다. 보존회 결성 때부터 활동해온 마을굿 어른들의 모임, 그리고 10년 전부터 보존회 활동과 연관을 짓다가 작년부터 결성된 보존회 청년회 모임, 그리고 부론면과 문막읍의 어머니들 중심으로 부녀회를 준비 중인 모임이 있다. 세 단체가 현재 부론풍물굿을 치고 있는 것이다. 이 모임들은 굿을 같이 하기도 하고 따로 하기도 한다.

　　청년회는 4,50대의 예술가들로 구성되어 있다. 부론면 손곡리에서 터 잡고 활동하는 〈광대패 모두골〉과 문막읍에서 활동하는 〈아트코어 굿마을〉의 회원 중심으로 구성되어 있다.

　　두 단체는 전문예술단체로서 여러 가지 활동을 하고 있다. 〈광대패 모두골〉은 원주 지역에서 30년이나 활동하고 있는 관록 있는 단체이다. 부론면 손곡리에서는 10년째 활동 중인데, [이달의 꿈]이라는 자체 소극장을 가지고서 괄목할 만한 활동을 하고 있다. 그간 부론농악보존회와는 공연과 행사와 결합하는 형식을 취하다가 본격적으로 부론농악보존회 활동을 하기 위해 청년회를 결성하였다.

청년회상쇠 정대호, 보존회 상쇠 이재천, 만무방 상쇠 김용순.

　이 청년회의 정대호씨가 문막농협의 지원을 받아 문막읍과 부론면의 어머니들을 중심으로 모인 한 모임에서 풍물굿을 한시적으로 가르쳤는데, 이 부녀모임들이 자발적으로 풍물굿을 더 해보겠다고 나섰다. 손곡리 부녀회장인 김용순씨가 상쇠가 되더니 열 두어분의 회원들이 정기적으로 모여서 연습도 하고 나아가 열심히 연행도 하고 있다. 부론면의 체육대회와 문막풍물굿의 세시풍속인 여름의 백중놀이, 가을의 은행나무 제천, 겨울의 우리 읍 구경놀이 등에 참여하는 등 부지런히 풍물굿을 행하고 있다. 부론농악보존회의 어른들도 이들을 중심으로 보존회가 연결되었으면 하는 바람도 있고 무엇보다 이 부녀회가 부론농악보존회의 활동을 강력하게 원하고 있다.

　그래서 부론풍물굿에서는 보존회 상쇠 이재천 어른, 청년회 상쇠 정대호, 만무방 상쇠 김용순, 이렇게 세 명의 상쇠가 있게 되었다.

이 세 상쇠들은 기획 차원, 연행 요청 등 풍물굿이 어르어지는 성격에 따라 따로 풍물굿을 치기도 하고 부분적으로 때로는 모두 모여 합굿을 하기도 한다. 각자의 특색을 잃지 않으면서 필요에 따라 따로-같이 하기 때문에 기동력도 좋고 큰 굿을 어르어낼 수도 있다. 각자의 관점으로 보기 때문에 연행자체나 더늠을 시도 할 때 각 장점을 살릴 수가 있고, 또 자유로우면서도 풍성한 의견들을 내올 수 있다. 다른 곳에는 없는 부론풍물굿만이 갖고 있는 세 상쇠시스템의 장점인 것이다.

올 해 〈아트코어 굿마을〉이 기획한 [부론농악발표회]가 처음으로 있었는데, 이 행사에 보존회의 세 단체가 처음으로 같이 공연을 하였다.

여하튼 이 세 모임의 활동이 맞물리면서 부론풍물굿은 우리 시대에 확대 재생·발전될 수 있는 여러 가지 희망이 생겼다. 특히 청년회에서 시도하고 있는 '더늠' 활동이 당대 풍물굿으로 안착되고 당대 대중의 감수성과 가치를 만나는데 좋은 활력소로 작용하고 있다. 즉 부론풍물굿은 법고창신이 되고 있는 중이다. 옛날 풍물굿을 단순 보존해서는, 동네굿 차원에서는 대부분 소멸해 갔다. 그 과정을 지켜본 젊은 예술가들이 새로운 차원의 풍물굿을 우리 시대에 법고창신하기 위해 키워드이자 방법론으로 빼어든 것이 이 더늠이다.

부론농악보존회 발표회 팜플렛

04 _ 법고창신 활동 :
더늠(1)-마음터밟이

　더늠은 우리 전통예술이 진화하며 발전할 수 있었던 민중창작의 핵심 방법을 일컫는다. 간단한 서사무가의 구문(口文)적 읊조림이 더늠의 오랜 역사를 통해 아름다운 형식미를 가진 판소리로 발전했다. 두레굿과 못방고라는 풍물굿의 원천은 여러 가지 기원설에서 익히 알듯이, 풍농안택과 불교연관뿐 아니라 심지어 군악에서도 풍물굿과 결합할 수 있는 장점들을 잘 해석하고 가져와 더늠을 이루었다. 불가의 화청을 통해 고사반을 발전시켰고, 절걸립을 통해 지신밟기를 강화시켰다. 병농일치 사회의 병영문화와 의례마저도 가져와 뛰어난 풍물굿으로 진화시켜 아직도 군고 등으로 남아있다.

　당연히 우리 시대에도 이러한 더늠이라는 살아 움직이는 풍물굿의 진화과정이 필요하다. 이것은 굿판 현장뿐 아니라 삶의 현장에서까지 인터렉티브되는, 사람 삶의 근본적 욕구가 맹렬히 부딪혀 서로 버전업될 수 있는, 첨예하게 성속일여를 열고, 구성원 전부를 대동신명으로 만들 수 있는 것이 풍물굿의 기본 책무이자 역할이기 때문이다. 그러나 불행히도 그간 한 세대 정도, 문화재 지정을 통한 농악으로의 박제화, 그리고 대회용 농악으로 시간과 과정이 축소되어 기예적 볼거리로 단순화되어 굿성을 잃어버린 것, 이 두 가지 현상 때문에 풍물굿으로서의 더늠의 길은 아주 무뎌졌다.

게다가 풍물굿 자체 더늠 활동의 현저한 축소뿐 아니라, 풍물굿이 놓일 자리는 더욱 모색되지 않고 있다. 풍물굿은 풍물굿의 발전(텍스트)뿐 아니라 그 풍물굿이 놓일 자리(컨텍스트)가 같이 진화되어야 당대에 생명(굿성)을 얻을 수 있다. 풍물굿은 사회-문화-예술적 감수성과 가치 지향이 있는 곳에서 벌어져야 하기 때문이다.

부론풍물굿은 청년회 중심으로 당대성을 얻기 위해 적극적으로 더늠을 시도하고 있다. 새로운 지신밟기, 기존 고사반의 당대 비나리화 등이 시도, 진행 중이다. 나아가 당산굿의 재해석과 정착, 용왕제의 풍물굿적 의례화 등을 부론적 풍물굿 절차 과정을 강화하기 위해서 시도될 것이다.

첫 번째 결과가 마음터밟이이다. 애초에는 [광대패 모두골]이 [산신 할매, 꼬부랑 할매]라는 마당극 공연을 위해 지신밟기 노래를 창작하여 연행하였는데, 노래와 극이 같이 되는 이 공연의 호응이 좋았다. 그래서 이 성과는 우리 시대의 지신밟기를 만들어 볼 수 있는 계기 될 수 있었다.

이 마당극내 지신밟기 창작은, 당시 [광대패 모두골]에서 극작을 하였던 이진희씨가 작사를 했고, [이시준 태평소연구소]의 이시준씨

가 샘굿을, 그리고 피리연주가이면서 작곡가인 김강곤씨가 장독굿
을 작곡해주었다. 이진희씨가 작사한 가사는 다음과 같다.

〈샘굿〉

〈불림〉
뚫으세 뚫으세 물구녕만 뚫으세
동해물도 땡기고 서해물도 땡기세
앞산냇물 땡기고 뒷산냇물 땡기세
일년내내 맑을 물만 펑펑 솟아라

어여라 어여라 물을 길어라
어여라 어여라 물을 길어라

맘씨 고운 삼신 자손 하늘 선물 받았으니
댕기머리 치렁한 처자와 갓 시집온 아낙이 모여
나물을 다듬고 푸성귀를 씻으며 애기보따리를 푸는 곳
넘실넘실 넘칠 듯이 물동이 가득 채워도
가고오는 발걸음 가벼운 곳
그 물이 여기 있으니

우리네 삶도 무언가를 길어 올리는 것

꿈도 행복도 사랑도 길어 올리는 곳

어여라 어여라 물을 길어라
어여라 어여라 물을 길어라

이 물로 밥 지어 천년을 살고
이 물로 몸 씻어 만병을 낫고
이 물로 재를 지어 사람 생명 살게 하고
하늘과 땅을 이어주네

어여라 어여라 물을 길어라
어여라 어여라 물을 길어라

〈불림〉
뚫으세 뚫으세 펑펑 뚫으세
수정같이 맑은 물 펑펑 뚫으세
조상대대 자자손손 먹고살고 먹고살고
뚫으세 뚫으세 펑펑 뚫으세

〈장독굿〉

후여 후여 바람결이 열리네
후여 후여 숨구멍이 트이네

예) 후여후, 후여후, 숨구녕이 트이네
　후여후, 후여후, 바람구멍 열리네

정한수로 치성을 드리고
하늘약수로 정성을 다해
산신님 정한 날 장을 담그니
귀한 장 품어줄 어여쁜 장독

바람 한줄기 노래할 때마다
햇볕 한 아름 쉬어갈 때마다
어둡고 아늑한 장독 속에서
작은 생명이 조화를 부리네

후여후, 후여후, 숨구녕이 트이네
후여후, 후여후, 바람구멍 열리네

이 마당극 연행용 노래를 빌어와 우리 시대에도 통하는 새로운 지신밟기 개념으로 재창작하여 더늠으로 위치 지으려는 시도가 '마음터밟이' 이다.

아다시피 근대 이전의 지신밟기를 할 수 있는 주거 공간과 그 신격 공간은 거의 해체되었고 그만큼 지신밟기는 쇠퇴하였다. 그러나 우리 시대에도 사람의 존재 특성상 일상에서의 신격공간은 늘 갈망된다. 개별적으로는 언뜻언뜻 다가오지만, 공동으로 확인하고 스스로를 대동신명으로 이끌어내고 공동체 통합을 이루어내는 기제와 양식이 거의 없어진 것이다. 근대 이전의 지신밟기로는 역부족인 것이다. 그렇다면 새로운 일상의 신격 공간 마련과 그 의례양식이 필요한데, 그것을 위해 두 가지가 시도되었다. 정화수의례[2]와 마음터밟이이다.

마음터밟이는 근대 이전 공동체의 일상적 생활 공간이 아니라, 새로운 차원의 현대적 공동체는 무엇인가라는 사유 끝에 만들어졌다. 거처의 문제보다는, 뜻과 마음과 문화공간이 모이고 흩어지고 다시 모이는 노마드적 공동체라는데 착안한 것이다. 마음의 거처라는 터를 상정하고 우리시대의 지신밟기를 만들게 된 것이다.

그래서 위 두 개의 마당극 연행용 노래를 빌어와 곡은 그대로 두고 개사를 하였고, 앞에 들날메기굿을 결합하여 마음터밟이라는 양식으로 연행을 하기 시작하였다.

---

2) 정화수의례에 관해서는, 김원호 『강원도의 상쇠들-미학적뿌리』(학민사)에 자세히 소개되어 있다.

〈마음터밞이〉

* 정화수터

어여라 어여라 물을 길어
어여라 어여라 물을 길어

새벽 정성 담뿍 모아 별빛 정기 받았으니
물 한 그릇 가득가득 생명꽃이 피어나네
마음을 다듬고 세상살이 씻으며 생명이 하늘 되는 곳
가는 데마다 꽃이 피고 말할 때마다 향기 나고
밝은 마음 맑은 몸 따뜻한 기운
그 물이 여기 있으니

어여라 어여라 물을 길어
어여라 어여라 물을 길어

우리네 삶도 무언가를 길어 올리는 것
꿈도 행복도 사랑도 길어 올리는 것

어여라 어여라 물을 길어
어여라 어여라 물을 길어
이 물로 밥 지어 천년을 살고

이 물로 몸 씻어 만병이 낳고
이 물로 제를 지어 사람 생명 살게 하고
하늘과 땅을 이어주네

어여라 어여라 물을 길어
어여라 어여라 물을 길어

정화수터 공연

* 서리화터

후여 후여 바람결이 열리네
후여 후여 숨구멍이 트이네

바람 한 줄기 떨릴 때마다
바람 한 가득 울릴 때마다 마다
애닯고 섧고 쓰라리고 아리고 아픈 마음들을
머리칼 풀어 날리듯 실어 보낸다.

후여 후여 바람결이 열리네
후여 후여 숨구멍이 트이네

그리움이 흥이 되고
흐느낌이 춤이 되고 되고
강이 되고 별이 되고 바다가 되고 하늘이 되는
생명의 노래를 실어 보낸다

후여후여 후여후여 바람결이 열리네
후여후여 후여후여 숨구멍이 트이네

내 아픈 자리에서
외로운 이 안아주고 주고

밝고 따스한 햇빛 아래로 나오게 하자 나아가보자

다시금 평화의 노래 흐르게 하자

후여후여 후여후여 바람결이 열리네

후여후여 후여후여 숨구멍이 트이네

바람이 춤을 추도록

추임새를 넣어보자 보자

서리화터 공연

산과 강과 해와 달이 별들이 별들이
한바탕 춤사위를 펼치게 하자.

후여후여 후여후여 바람결이 열리네
후여후여 후여후여 숨구멍이 트이네

정화수터는 물 한 그릇으로 일상에 신격공간을 만드는 터이다.
井華水는, 우물 井자와 꽃 華자를 쓴다. 물은 생명을 상징하기 때
문에 정화수는 '생명꽃'을 의미한다. 우리나라 모성들은 새벽 별 빛
정기를 첫 샘물 한 그릇에 받아, 다정한 가족과 이웃의 안녕을 빌
었고, 세상이 따뜻해지기를 염원해왔다. 신새벽에 온 정성을 다 해
늘 생명꽃을 피워온 것이다. 이 작은 물 한 그릇의 날마다 정성은

정화수터

여성-모성들에 의해 조근조근 대물림되어 내려왔고, 그 덕에 온갖 질곡 속에서도 세상은 아직 살만한 곳이 되고 있는지 모른다. 이 의미와 뜻을 가지고 풍물굿판에 정화수터를 만들면, 참여자들이 스스로 마음을 내어 정성으로 세상의 안녕을 비손하는 풍물굿판이다.

서리화는 당산을 상징한다. 신격이 내리고 머무는 곳이다. 원래 서리花는, 황해도 굿에서 쓰는 장식물의 일종이다. 얇은 나무가지에 흰 종이를 오려 붙여 만든다. '서리(露)를 닮은 꽃'이라는 의미이다. 대개 굿상의 시루 위에 꽂아 굿상을 장식하고, 경우에 따라서는 서리화에 정화수를 묻혀 굿판의 단골을 뿌리면서 축원하는 기능을 하기도 한다고 한다. 신격의 도구인 것이다. 이 서리화는 이진희씨가 자신의 연행에 춤 도구로 사용하다가 풍물굿으로 넘어와서 당산이라는 상징을 갖게 되었다. 나아가 그 도구의 아름다운 특성으로 인하여 참여자들의 개인용 당산, 즉 '내 마음의 당산나무'라는 뜻과 상징으로 진화하게 되었다. 이 풍물(풍물굿 도구)은 풍물굿판의 최정점인 마지막 대동신명 때 강력한 도구로 사용된다. 각자의 서리화를 들려주면 저절로 춤이 되게 한다. 풍물굿판의 뒷굿이 벌어지면 관중들이 참여하여 손들어 춤을 추는데, 그간 쇠락한 풍물굿판 덕에 익숙하지 않고 어색해하는 편이다. 그런데 이 서리화가 들려지면 아주 맞춤한 춤의 도구가 된다. 저절로 춤이 추어지는 강력한 춤의 도구가 되는 것이다. 내 마음의 당산나무를 들고 추는 풍물굿 춤이 되어버린다.

서리화터

풍물굿판 시작되기 전에 참여자들은 정화수를 받아 정화수터에 안치하고, 각자의 서리화를 서리화터에 심으면서 풍물굿은 시작된다. 서리화는 내 마음의 당산나무가 되고, 풍물굿판이 흐르고, 당산이 내가 되고, 신명이 오르고, 그 격으로 대동춤을 추게된다. 정화수 물 한 그릇으로 생명꽃을 피우고, 굿판을 지나, 그 신명으로 회향(回向)하여 각 개별 일상의 신격 공간에서 정화수터를 만든다.

이외에도 부론풍물굿에서 계획하고 있는 더늠은 더 있다.

지금 하고 있는 당산굿은 부론면소재지 중심에 있는 당산 나무 앞에 고사상을 차리고 풍물굿패가 고사반을 한 다음, 면의 유지들이 절하고 음복하는 형식을 갖고 있다. 당연히 우리 시대의 당산굿으로 더늠할 가능성이 있다. 마을굿 절차과정에서 가장 중요한 문굿과 들당산의 연차굿으로의 발전이 모색되어지고 있다.

남한강 물 축제 개막행사로 용왕제를 지내는데, 풍물굿이 어른 다음, 역시 면의 유지들이 축문을 읽고 절하고 음복하는 단순한 형식이다. 삼도접경 지역의 특성, 남한강 수계권의 특성을 살려 용과 관련된 풍물굿과 의례로의 발전이 모색되어지고 있다.

부론에 전해지는 민요도 전승받을 계획이다. 부론농악보존회가 결성된 계기가 된 목도소리는, 현재 보존회 박명수 어른께서 부분부분을 알고 있어서 전승이 가능하다. 뿐만 아니라 부론면에는 지경다지기, 회다지, 논 맬 때 부른다는 격양가[3]도 남아있다. 지경다지기, 회다지는 법천3리 박기철 어른께 남아 있고, 격양가는 권오들 어른께 남아 있다. 특히 부론면에서 부르는 김매기 소리가 격양가라는 것이 특이한데, 이 노래들을 전승받는다면, 부론면 인근 소리의 특징, 즉 토리를 추출해낼 수 있다. 이는 우리 시대에 맞는 비나리를 재창작하려는 청년회에게 커다란 자산이 되고 있다.

---

3)　擊壤歌 풍년이 들어 농부가 태평한 세월을 즐기는 노래. 땅을 두드리며 부르는 노래라는 뜻으로, 중국 당요(唐堯) 때 지어졌다 한다. 원문은 이렇다.
日出而作 日入而息 鑿井而飮 耕田而食 帝力於我何有哉(일출이작 일입이식 착정이음 경전이식 제력어아하유재 ; 해 뜨면 일하고 해 지면 편히 쉬네. 우물 파 물 마시고 논밭 갈아 밥 먹으니, 임금님의 힘 어찌 내게 미친다 하리.)〈제왕세기帝王世紀〉
[네이버 지식백과] 격양가 [擊壤歌] (한시어사전, 2007. 7. 9., 국학자료원)

흙덩이 양(壤)자에 칠 격(擊)자. 흙덩이를 친다는 것, 즉 김매기를 한다는 뜻이다. 그래서 격양가는 김매기 노래로 걸맞은 것인데, 부론에서는 김맬 때 이 격양가를 부르고 있는 것이다.

05 _ 법고창신 활동 :
더늠 (2) – 부론비나리

　부론풍물굿에서는 지금 집중하고 있는 것은 부론 비나리 재창작이다. 그간 김영준 상쇠가 불러오다 중단된 고사반을 재생하고 재창작하는 일이다. 제대로 특징 지워서 부를 수가 있고, 나아가 우리 시대에도 맞는 비나리로 재창작할 수 있는 중요한 문서가 발견되었기 때문이다.

　부론농악보존회를 만든 일대 상쇠 김영준선생은 고사반에 능하다. 게다가 태평소도 일품이다. 여러 가지 차원에서 보존회를 잘 이끌다 10년 전에 갑자기 치매가 들고 투병 끝에 몇 년 전에 돌아가셨다. 그래서 보존회 어른들께서 고사반과 태평소를 제대로 이어받지 못했다. 김영준 상쇠가 계실 때는 늘 왕성하게 활동하였기 때문에 미처 신경을 쓰지 못한 탓이었다. 게다가 당시 [광대패 모두골]도 보존회의 공연에 가끔씩 결합을 할 뿐이었지, 주도적으로 나서서 보존회의 굿을 변화, 발전시킬 생각을 하지 않고 있었던 때이다. 그래서 김영준상쇠의 투병 이후 보존회의 활동은 조금씩 위축되어

져왔다. 현재 보존회의 상쇠는 부쇠였던 이재천 선생께서 이어받아 활동을 이어 가고는 있지만, 고사반과 태평소는 맥이 끊긴 상태가 되었다. 그러다 올해에 보존회활동을 젊은 세대가 적극적으로 맡아 달라는 어른들의 권유로 청년회가 만들어지면서 보존회 활동에 대한 적극적인 행보를 시작하였고, 그 일환으로 고사반의 재생이 관심이 가던 차에 다행히 정대호씨가 예전에 김영준상쇠께 받았던 고사반 필체본을 찾아냈다.

이것을 소개한다.

(1) 김영준 필체 고사반[4]

국태민안 범년자 시화년풍
년년이 돌아든다 사바하구 나오신다
삼불보살이 나오실 제 어느 손님 나오셨나
글 잘하는 문장손님 활 잘 쏘는 활양 손님
말 잘하는 구변손님 삼대운이 나오실제

---

4) 이해를 돕기 위해 아는 한도 내에서 주석을 달았다. 그리고, 많지는 않지만 철자나 맞춤법이 간혹 맞지 않은 곳이 있는데 문맥의 느낌을 거스르지 않는 한 고쳤다. 고증을 넘어서서 우리 시대에 풍물굿으로 실제로 불리워지고 미래로 진화하기 위해서는 우리 시대에 통하는 뜻과 의미와 느낌을 가지고 불러야하기 때문이고, 그래야 후대에도 내용과 형식이 제대로 전해지리라 판단되기 때문이다.
잘 해석이 되지 않은 곳은 그대로 두었다. 김영준 상쇠의 손글씨 원본은 사진으로 첨부하니 참조.(이 책 70~80쪽)

압록강도 12강이요 두만강도 12강이요

24강을 건너실제 배가 없어서 어이 하나

나무배를 잡아타니 썩어져서 못쓰겠고

돌배를 잡아타니 돌배 풍덩 가라앉고

흙토선을 잡아타니 풀어져서 못쓰겠고

동으로 벋은 능수버들 세 번 죽죽 훑어다가

엽엽선을 모아 타고

이 물에 이 사공아 그 물에 그 사공아

효자 충신이 노를 젓고

명주바람[5] 지선풍에 왜각제각 건너가서

이씨 한양 등극시에 여기 한양을 마련할 제

봉황이 능청 생겼구나

봉황 눌러 대궐 짓고 대궐 앞에는 육조로다

왕십리를 청룡하여 동구만리가 백호로다

경기 경성 십리내에 36관을 마련할 제

황해도는 33관 평안도는 34관

함경도는 27관 강원도는 26관

충청도는 20관 경상도는 32관

전라도는 44관 해동잡아 조선국이요

00 도라 00시(읍) 00동(면)하고도

---

5) '바람도 소스리 강풍 불지 말고 명주 바람 실바람 불어 주시오' (「한국민속대
    백과서전」 '뱃고사' 대목중에서)

O씨댁(氏宅)으로 축원(祝願)이요

아~~ 삼산혜야.

그는 그리도 하려니와 집이나 한 채 지어보세

성주본이 어디메뇨

경상도라 안동 땅에 제비원이 본일러라

제비원에 솔씨를 받아 소평대평 던졌더니

소부동 대부동 되었구나

소부동 대부동 자라나서 청장목이나 되었구나

30명의 역두군들 옥도리를 울러매고

소산에 올라 소목 내고 대산에 올라 대목 내고

용두산에 칡을 얽어 궁굴대를 매어 놓고

허리간에 휘장하여 물대나 점점 잘 나간다

도담삼봉 지나고 나면 단양 앞강이 다가오고

단양 앞강을 지나고 나면 목행리 앞강이 다가오고

목행리 앞강을 지나고 나면 목계 앞강이 다가오고요

목계 앞강을 지나고 나면 청룡 앞강이 다가오고

청룡 앞강을 지나고 나면 덕은이 앞강이 다가오고

덕은이 앞강을 지나고 나면 영죽 앞강이 다가오고요

영죽 앞강을 지나고 나면 생개 앞강이 다가오고

생개 앞강을 지나고 나면 좀재 앞강이 다가오고

좀재[6] 앞강을 지나고 나며 개치[7] 앞강이 다가오고요

개치 앞강에 뗏목을 대고

가는 목재는 메어 들이고 굵은 나무는 끌어올려

전대목은 대평수요 소대목은 제자로다

대톱소톱 대작두 소작두 골머리 대채 목통이며

대자 소자를 벌려놓고

굽은 나무는 곧게 깎고 곧은 나무는 굽게 깎아

동네방네 초군님네들 저녁밥을 단단히 꺾고

룡에 허리를 닿을 때 등 다칠라 살살 놔라

에라 우려라 지경이요

---

6) 현 부론면 소재지에서 귀래면으로 가는 옛 길의 첫 고개. 이 작은 재를 넘으면 남한강변을 오른쪽에 끼고 가는 아름다운 길이 이어진다. 『나의 문화유산 답사기8-남한강 편』에서 유홍준 선생은 남한강 폐사지 가는 길에 꼭 둘러보라고 권하는 길이다. 법천사지와 거돈사지를 이어 주는 길이기도 하다.

7) 개치는 두 개울의 물이 합치는 곳을 이른다(네이버 국어사전). 개치는 법천리 남서쪽 안에 있는 부론면의 중심 마을로 현재는 법천 1리이다. 충북 충주시 앙성면으로 통하는 나루터를 배경으로 발달된 마을이다. 예전에 중심 마을이었던 흥원창이나 양삿에서 보면 동, 남, 북쪽에 높은 산악이 있었으므로 물자와 사람이 통하려면 고개를 넘어야 한다고 하여 지명으로 불리게 되었다고 한다. '개'는 강이나 내에 물이 드나드는 곳, 포구를 말하며 '치'는 고개를 뜻한다.
현재 부론면에는 여기저기서 작은 개울들이 모여 남한강으로 흘러들어가는 곳에 있는데, 현재 법천소공원과 남한강대교 밑이다. 이 나루를 타고 1km 정도 내려가면 흥원창이라는 조선시대 조세창이 나오는데, 남한강이 섬강을 만나서 여주로 휘감아돌아 빠지는 곳이다. 이 곳 낙조는 강물 끝 계곡 사이로 형성되는데 언제나 보아도 참으로 아름답다.

그는 그리도 하려니와 집이나 한 채 세워보세

안채는 福자요 행랑채는 壽자

봉당치장 요강하고 재떨이며 무쇠뚜껑 네모 번듯 세워놓고

네 귀에다 풍경을 달고 동남풍에 뎅그랑 뎅그랑

잡귀잡신을 휘몰아내고

掃地(소지)하니 黃金出(황금출)이요 開門(개문)하니 萬福來(만복래)라

그는 그리도 하려니와 집을 다 지었으니

子孫(자손) 점지나 하여보세 앉을 동자 설동자야

아들을 낳으면 孝子忠信(효자충신) 딸을 나면 烈女(열녀)로다

洞內坊內(동내방내) 귀염동아

내 눈에는 꽃이 피고 내 몸에는 길이 되어

걸음걸음 향기 나게 점지하여 주옵소서

나라에는 忠臣童(충신동)이 부모에겐 孝子童(효자동)이

형제간에 友愛童(우애동)이 親戚間(친척간)에 화목동이

친구간에 유신동이 세상천지 으뜸동이

子孫 점지를 하였으니

五福을 주실 적에 돈복은 굴러들고

인간복은 걸어들고 구렁복은 서려들고

족제비복은 뛰어들고 물복은 스며들고

이런 복을 주신 후에 만수무강 하올 적에

二, 三세 천자 입학 천자, 유학, 시전, 서전, 논어, 맹자

무불통지[8]를 하신 후에 八道가 무사하여
알성급제[9]를 보신단 말씀 풍편 넌짓 들은 후에
과거행장을 수습하여 경성 千里 올라가서
장안에다 친정하고 과거일이 당도하니
룡연에다 먹을 갈아 조맹덕 문장으로
왕희지나 필법으로 일필휘지 둘러내서
서장에게 바쳤드니 참사관이 보옵시고
허허 그 글 잘 되었구나 자자[10]에 비점[11]이요
구구[12]마다 관조[13]로다 칭찬을 하신 후에
알성급제 도장원에 평양감사 전라감사
모다 하고나 돌아와서 농사나 한 철 지어보세

신룡씨가 하신 말씀 농사는 천하지대본
농사밖에 또 있는가
앞뜰 논도 千石지기 뒷뜰 논도 천석지기
물이 출렁 수답이며 물이 말라 건답이라
水畓 乾畓을 마련하고

---

8)   無不通知. 무슨 일이든지 두루 통하여 모르는 것이 없음.

9)   謁聖及第. 조선 시대, 임금이 문묘에 참배한 뒤 실시하던 비정규적인 과거
     시험에 합격하던 일.

10) 字字.

11) 批點. 시나 문장을 평가할 때, 썩 잘된 곳에 찍던 둥근 점.

12) 句句.

13) 觀照. 사물이나 이치를 참된 지혜의 힘으로 통찰하다.

무슨 벼를 심었드냐 여주 이천 자채쌀

자금사채 나공낭도 육,오 풍옥 남산팔호

산으로 올라 산다닥이 들로 내려 들벼를 심고

해가 떴다 日出(일출)벼 인간칠십 노인벼

많이 꺾어서 동태벼 허올차기 못자라기

여기 저기 심어놓고 갖은 찰을 심어보세

안성유기냐 양품찰 철거덕 푸드득 장기찰

혼자 꺾어서 돼지찰 수염이 길다 노인찰을

여기저기다 심어놓고 밭곡식도 심어보세

방정맞다 투가리콩 얼숭덜숭 대추밤콩

이팔청춘 완두콩 독수공방에 호라비콩

아가씨 몰래 울타리콩 천리만리 강낭콩

동남포수 검정콩을 여기저기다 심어놓고

갖은 양념 심어보세 고추당초 생강마늘

참깨들깨 대파쪽파 가지호박을 심어놓고

토란부추를 심었드니

사해용왕이 물 주시고 토지 지신이 복을 주어

홍두깨 여름 방망이 여름 우두리 죽죽 달렸구나

그는 그리도 하려니와 농사를 거두었으니

가축이나 길러보세

소를 먹이면 억대우 되고 말을 먹이면 용마로다

닭을 먹여 봉황인데 한 날개 치면 천석이요

두 날개 치면 이천석이요 이것이 바로 봉황이라

개를 먹이면 삽살개 네눈박이 이 아니랴

개중에는 어른이라 수염이 죽죽 달렸구나

옥담 모퉁이 빙빙 돌며 아는 사람 반겨주며

모르는 사람 마다하고 건너 산을 바라보며

아주 컹컹 짖는 소리는 만화복록이 떠들어온다

환곡 단풍 다 지내서 가을철이나 돌아오니

이 곡식을 추수할제

앵무같은 종년들은 또아리 틀어서 여들이고

불매¹⁴⁾같은 종놈들은 지게다 바쳐서 쳐들이니

허허 이거 안되겠구나

우각부리 좌각부리 꽁지 없는 검정 암소

별박이 이슬차기 안쪽차기 암소들도

질마¹⁵⁾를 얹어서 실어들이니

나갈 때는 빈 바리요 들어올 때는 찬 바리라

앞논에는 앞노적 뒷논에는 뒷노적

멍에노적을 싸압소서

아 ~~~ 삼산혜야

---

14)   '풀무'의 방언.

15)   '짐을 싣거나 수레를 끌기 위하여 소나 말 따위의 등에 얹는 안장'의 방언(강
      원).

그는 그리도 하려니와

농사를 거두었으니 고사덕담을 하여보세

상남자 서방님 중남자 도련님

어깨넘어 귀염둥이 무럭무럭 자라날 때

몽수대살이 끼었다하니 여울여울 조상살

들에는 농방살 마루대청엔 성조살

부엌에는 조왕살 살광 밑에는 달그랑살

수채구멍에 흘림살 이살 저살 휘몰아다

우주월강[16] 소멸하니 가내가 태평하다

그는 그리도 하려니와

一年하구는 열두달 윤달 들면은 13달

一年은 360일 만사태평하려며는

액풀이나 하여보세

정월달에 들은 액은 영동할멈이 막아주고

2월달에 들은 액은 3月삼진이 막아주고

3월달에 들은 액은 석가탄신이 막아주고

4월달에 들은 액은 오월단오가 막아주고

5월달에 들은 액은 유월유두가 막아주고

6월달에 들은 액은 견우직녀가 막아주고

---

16)　　　대부분의 고사소리에는 의주월강이라고 한다.
　　　　　월강(月江)은 평북 의주군 연무리에 있는 마을이라고 한다. [조선향토대백과]

7월달에 들은 액은 팔월 한가위가 막아주고

8월달에 들은 액은 구월 구일이 막아주고

9월달에 들은 액은 10月 상달이 막아주고

10월달에 들은 액은 동지팥죽이 막아주고

11월달에 들은 액은 제석 제신이 막아주고

12월달에 들은 액은 정월이라 대보름날

오곡잡곡 밥지어서 웃김치 한 그릇에

우주월강 소멸하니 가내가 태평하다.

~○氏 家中에

家內無事太平과 萬壽無疆하옵소서.

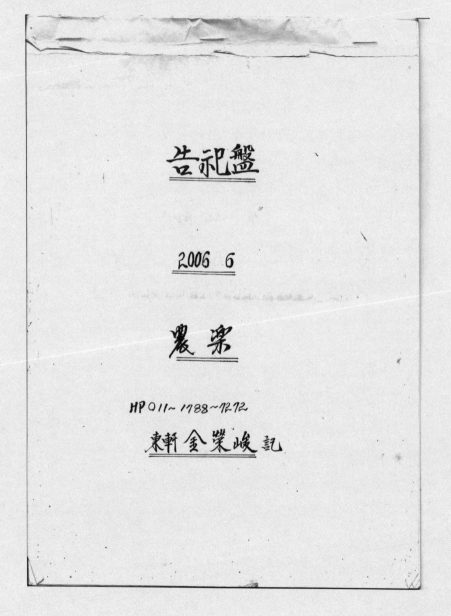

告祀盤

2006 6

農樂

HP 011~1788~7272

東軒 金業峻 記

告祀盤(고사반) "시거정의 축원하것" (국억풀이)

국태민안 법륜자 시화연풍 걸고 이롭아돈다 사바하구 가오선라

삼불보살이 가오실제 어느손님 가오셨나 굽잔하는 현영손님 : 활쏘/오/훌훌 손님

발양하는 우변손님 산 위운이 가오졌제 앙축앙오/오강여오 우만경오/오강여오

오4강을 건느실제 배가없어지 어이하라 나무백을 잡아타거 석어저저 못쓰겠고

들버을 삽아타거 들배 흘렁 캉아 앉고 흙조선을 잡아타거 끌어저저 못쓰겠고

동으로 버든 상수버들 세번 축오 훌어다라 엽소선을 모아 타고

이물에 의사공아 오물에 오사공아 좋자 훌선이 오를짓고

명주바람 지신룡에 왜각 제각 건너 가서

이씨 한양 등국지에 여기한양을 마련할제 봉학이 능청 섬졌구나

봉학눌러 대철 짓고 대철앞에는 육조로라

왕점라을 청룡하여 동구만리가 백호로라

경기 경성 십리거에 36관을 마련 할제

102

황해도는 33관 평안도는 34관 함경도는 27관

강원도는 26관 충청도는 20관 경상도는 32관

전라도는 44관 해동잡아 조선국이요

○○도라 ○○섬 ○○ 불ㅇㅇ 들하고도 ○氏族으로 親頭이요 아ᆞ잠산해야

2는 2개도 좌려거와 잡어가 한데싸어보세 엄마분이어러메뇨

경상도라 안동땅에 제비원이 본일러라

제비원에 솔씨를 받아 소평 대평 던졌더니 소부등 대부등되얏구나

소부등 대부등 실려나서 청장목이나 되얏구나

30 꼉이 억두군들 옥도끼를 울러메요 소산에올라 소목베고

대산에 올라대목베고 용두산에 칡을얽어 궁굴때을 떼어놓고

허리간에 희양하며 굴레가전ᆞ 왔다 갔다

도갑 삼봉 지나고 가면 간양 알강이 닥어오

간양 알강을 지거고 가면 북행지 알강이 닥어오고

No 7

죽령의 알강을 지나고나면 죽계 알강이 닥아 오고요

죽계 알강을 지나고나면 청룡 알강이 닥아오고 청룡 알강을

지나고나면 덕은이 알강이 닥아오고 덕은이 알강을

지나고나면 영축알강이 닥아오고요

영축 알강을 지나고나면 생개 알강이 닥아오고

생개 알강을 지나고나면 죽재 알강이 닥아오고

죽재 알강을 지나고나면 개치 알강이 닥아오고요

개치 알강에 땜목을 대고 가는목재는 메어들이고

굵은 가재는 끔어 굴러굴러 전메목은 대령주오

소래목은 제자로다. 대룡 소룡 대꾕우 소쟁우 곤머리

대쾌 먹통에께 쾌라 소자를 벌려 놓고 굽은라목는

곤게 깎고 곤은나목는 굽게 깎아

둥개 방게 초군전게늦 저닉밤을 뗜 것이 깎고 룡에러리를 맞을때

둥라철차 닞소 라락 에차 우게라 쇠경이오

2는 2러오 화려기와 감이가 참채 세워보에

안채는 壽자오. 헹강체壽자와 불량지장 오장타요

재력이께 무셔두병네그런득세워물요 계칙예라 음경울랑요

윤소풍에 왼2랑 렝2랑 잡지 않선을 죄물라께요

掃地(소지)하니 黃金出(황금출)이오 開門(개문)에 萬福來(만복래)라

2는 2러오 화려기와 앉을라 지엇으시

子孫(자손) 잡지라 하여보세 얏을 둥자 설둥자 하

아들을 갈으께 孝子忠臣(효자충신) 딸을 가면 烈女(열녀)로다

洞內(동내) 有內(유내) 지열둥아 내원에는 꽃이 외고

계몸에는 길에되어 거음거음 향기 나게

진지 하여 외웁소서 나라에는 忠臣童(충신동)이

부모에겐 孝子童(효자동)이 兄弟間(형제간)에 友愛童(우애동)이

親戚間(친척간)에 화목둥이 칭구간에 유신둥이

165

세상천지 으뜸둥이   子孫 점지을 하였으니

초稿을 구월적에   든북은 굴려들고

이간북은 걸어들고   구령북은 서려 들고

옥제비북은 뛰어들고   견북은 스며 들고

이런북은 구신후에   만수 무강 하올적에

스스세 전자않학.   희와유학 시컨선전 큰이.평화

우북 뒤을 호신후에   八道가 무사 하며

왕성 금제을 보선란말슴   풍편 건것 들은 후에

과거행장을 구슴하며   경성 수문 올라가시

장안에라 켠정하고   과거없이 광도하시

룡연에랑 걱을갔아   조멩덕 결황으로

왕희지나 첱법으로   일철뢰의 둘려께시

서 왕에게 바쳤드니   참사 판에 꼬읍시고

화소 그들 칠퇴였구가　　　자소에 바람이오

구소가따 관조로가　　　칠찬츄 화선쿄에

알영금제　오광원에　　　정양 광자 건량 금상

꼬라하고가 들어가의　　　농아가 한철 지어 보세

신룡자가 화선맑슴　　　농사는 천하의 대본

농사 밖에 또있는가　　　알들논도 수고 지기

짓들논으 췬씩외기　　　물에 출렁 수람이에

들어 맑라 건급어지　　　간물 건물을 마련하고

옥은 벼를 선잇즈가　　　에우 이천 자체 쌜

자음 사체나 공방도　　　육으 풍우 낪산찰호

산으로 올라 산다락이　　　들로 게러 들버들고

해가 떨라 김빗펴　　　인간 철잡 노인펴

땅 의 깊어니 둥레펴　　　화옵쪽거 멋자라기

여기저기 심어 놓고	깊은 깊은 심어 보세
안성유기가 양푼짝	껄거럭 후르득 장이짝
혼자깎어서 괴지짝	수연어럭다 그 인짱을
여기저기다 심어놓고	발곡쳐도 심어보세
방정맞다 육가리콩	얼숭덜숭 대추밤콩
이 찰팅큰 완두콩	독수공방에 홀아비콩
아가씨 울때 울라리콩	천리 만리 강남콩
등잔호수 검정콩을	여기저기다 심어놓고
깊은 양념 섞어보세	고추 당모 생강마늘
잔께 둘께 대파목라	가세호맹을 심어놓고
오관 무꾸을 심었더	사해용왕이 물주시고
오지 지선에 북을우어	홍수께 어름 빡밤이여름
위두기 죽오 갈렸와라	그는그리도 하려거 왕

108 농사를 거두었으니   가축이가 걸려보세

소를 꺾이면 먹어우리고   값을 꺾이면 용마롤다

값을 꺾이 불황은레   판날개 뢰면 뢴섞이오

뉘앞개화면 이뤈섞여오   이것이 바로 불황이라

개를 꺾이면 삼좋개   네분빡어 이아어갔

개층에는 어른이랑   수연이 록스 랄졌구남

옥갑 모둥이 벙스둘때   아는사람 반겨 주메

모르는사람 따라하고   건너산을 바라보며

아와정스 젖는소리는   만화북록이 떠들어온다

한곡만큼 다직께서   구욯죘어가 둘아오니

이곡석을 거수혈레   엉화 같은 종편들은

또아직들어 여둔으고   불매같은 종음들은

기계가 바쿼서 저둔에   허스어거 앙의겠구남

16) 옥갓부터 과착하리   꽁지없는 검정 암소

별밭이 이슬차기   얼룩차기 암소들도

짐마을 얹어져었더니   나락에는 빈바리오

들어 올때는 챈바리차   앞논에는 앞그것

뒷논에는 뒷그것   멍에 느럭을 따앉소이

아~~   산산혜아   오논 그리도 하려기와

농사를 거두었으니   고사력감을 하려보세

상감와 서방님   중감자 도련님

어깨겸어 귀염둥이   무럭 무럭 자라날제

둥우래찼어 기엉더하러   여을 여을 초상옇

둘에는 용방썰   카루래청면 임조썰

부엌에는 조왕썰   살광일에는 갈고왕썰

수채우멍에 틀일썰   이썰 자썰 획물아라

우주월강 오덜하니   거베가 태평하리라

2는 그레도 라려니와   一 촉하 지난 열두달

온땅 들깬은 13달   一 몸으 360일 반사태평라러께른

액출어나 라에 오게

정월달에 들온액은   영동책법의 빡아주고
2월   "   3月 삼월이   "
3월   "   싴가 탄선이   "
4월   "   오월 단오가   "
5월   "   육월 유두가   "
6월   "   견우직게가   "
7월   "   팔월 한가쉬   "
8월   "   구월 구일이   "
9월   "   10月에 상달이   "
10월   "   동제 팔죽이   "
11월   "   제석 제선이   "
12월   "   정월이라 대보름날 오곡잡곡

밤지어서 웃겁지 먹으믄 우주 월강 소멸하니

거베가 태평하리라 ～0氏/富中에

家〇無事泰平과 萬壽無疆하읍소서

(2) 이원표, 김영준 고사반

　김영준 필체본 고사반은 대략 여섯가지 내용을 가지고 있다. 이른바 치국잽이, 성주풀이, 자손풀이, 과거풀이, 농사풀이, 액풀이이다. 그런데 인터넷서핑하다가 찾은 자료[17]에 의하면 김영준상쇠와 이원표라는 분이 고사반을 불러 채록했다는 기록이 있다. 자료 재목이 이원표 고사소리인 것을 보면 이전에 고사반은 이원표가 주도했을 것이다. 자료 그대로 싣는다.

　2000년 6월 4일 김영준(65)씨와 부론면 손곡리에서 이원표(71)를 만난 채록한 것이다. 사투리와 낱말이 틀린 것은 이원표씨의 기술 내용을 그대로 옮겨 적은 것이다.

　국태은 미안하고 시화연풍은 도라든다. 금일금일 금일이요
　사바하구두 나오신다 서천서역국에 삼불보살이 나오실 때 어느손님
　나오셨나.
　글잘하는 문장손님 활잘쏘는 활양손님 말잘하는 규변손님
　삼세분이 나오실 때 앞노강도 십이강 두만강도 십이강
　이십사강을 건느실때 배가 없어 어이하나 나무배를 잡아타니

---

17)　http://cafe.daum.net/nongak 원주매지농악보존회. 2000.06.15. 자료실 5번.
　　　정확한 위치는,
　　　http://cafe.daum.net/nongak/9Kv/5?q=%B1%E8%BF%B5%C1%D8%20
　　　%B0%ED%BB%E7%BC%D2%B8%AE

써거저서 못으겼고 돌배를 잡아타니 들배풍덩 가라안고
흙토선을 잡아타니 풀어져서 못쓰겼고 동으로 버든 능수버들
거꾸로잡고 세번죽죽 홀터다가 연엽선 모아타고 이물에 이사공아
고물에 고사공아 효자충신 노를줏고 명지바람 지선풍이
왜각제각 건너가니 이씨한양 등극시에 한양변이 어데메야
여기한양 말연할때 왕심이 청룡하야 두고대말이 배호로다
오요봉 해각산은 경기경성 십리내에 삼십육관을 마련하고
해동을 자바라 조선국 조선국이면 대한국 대한국으로
접어들 강원도하고두 원주시 원주시하고두 부론면 부론면 하구두
법천리 법천리로 접어들어 이댁가중에 들어왔오
아헤헤 ~ 삼산해야

그런그리도 하련이와 자손즘지나 하여보세 안질동자 설동자
무릎밑에 기동자 어께넘어 안질동자 아달나면 효자충신
딸을나면 열여로다 자손즘지 하였으니 오복을 점지할 때
물복은 흘어들고 구렁복은 기여들고 쪽제복은 뛰여들고
인복은 거러들제 시시계문 만복내라 이리소지 황금줄이요
동내반네 남에눈에 꽃이되고 이네몸에 잎이피여 거름밭마다
향내가 나게 점지점지 하옵소서

수복점지 하였으니 나라에겐 충신이요 부모에겐 효자로다
일가친척 화목동 동기간에 우에동 친구간에는 유신동
세상천지 웃듬동아 만수무강 하올적에

2.3세에 천자입학 천자유학에 동문선섭 시전서전 노노맹자
백각조로 무불통지 하신후에 팔도가 무사하야 알상가를
보인단말쑴 풍펜에 넌짓듯고 과거향장 수습하야 경성천리
하도하야 장안에다 쿤을하고 과거일이 당도하니 용연에다
먹을갈아 왕해집에 필법이며 조맹덕에 문장이며 일필휘저
둘어내여 성장에게 ?T었드니 삼시관이 보옵시고 어허그글
잘되였네 자자에 비점이요 구기마다 관조로다 칭찬을
하신후에 알상급제 도장원에 평야감사 절라감사 다하시고
고향에 도라와서 집이나 한체 지여보세

성주본이 어데메야 경상도 안동땅에 제비원이 본일너라
제비원에 솔씨바다 소평대평 던젓드니 그솔이 점점자라
소부동이 되었구나 대부동이 되었네 그솔을 베을적에
금독끼로 찍어넘겨 은독끼로 다듬어서 전대목은 대편수요
조대목을 제자삼아 구분나무는 곳계깍고 고든나무은 굽계?A가
이리한체 세워노니 안체는 복복자요 사랑체는 목슴수
사랑치장 봉당치장 요강타고 재더리며 무쇠두멍 다리계?T임
여기저기 걸였으니 근들하니 영아니야 아헤헤 ~ 삼산헤야

그는그리도 하려니와 가진짐성 먹여보세 소를먹이면 억대우요
말을먹이면 용마로다 닭을기르면 봉덕센데 한날계 퉁탕치면
저리천석 쏘다지니 이것이 영안이며 개를먹이면 네눈백이
청섭살 건너산을 바라다보고 아주 "컹"짖는소리 만화복녹이 두둥실

떠들어온다.
아헤헤 ~ 삼산헤야

그는그리도 하려니와 실농씨가 하신말씀 농사는 천하지대본이라
하였으니 농사한철 지여보세 앞들논도 천석지기 뒤들논도
천석지기 물이충령 수답이며 물이말어 건답이며 건답수답을
마련하고 무슨벼를 심었드야 지금사체 공낭도 유구,풍옥
남산팔호 대물벼 산으로올아 산다다기 들노나려 들벼
해가떠다 일출벼 인간칠십 노인벼를 여기저기 심었구냐

그는그리도 하려니와 가진찰을 심어보세 안성유기나 양푼찰
꺼거득푸드득 장기찰 호두둑푸두둑 까투리찰 혼자먹어 도야지찰을
여기저기 심었구나 아헤헤 ~ 삼산헤야

그는그리도 하려니와 가진스숙 심어보자 올박달이나 늦박달
충향거리 은방조 노국떼기 베록차조 뭉계뭉계 개똥차조를
여기저기 심었구나

그는그리도 하려니와 가진콩을 심어보자 철리말리 강낭콩
동암표수 검정콩 이팔청춘 푸르데콩 독수공방에 호레비콩을
이곳저곳에 심었구나

그는그리도 하려니와 가진양양 심어보자 참깨들깨 드들깨

고초당초 생감마늘 여기저기 심어놓고 호박자지 심어노니
사해용왕이 물을주고 토조지신이 북을주어 후둑개여름 방맹이
여름에 우두리 죽죽 달였구나 황곡단풍이 다지내여
가을철이 돌아왔네 이곡식 추수할 때 앵모같은 종년들은
또아리?T어 여들이고 물매같은 종놈들은 지게?T어 저들이니
어허기거 안되겠다 우각뿌리 자각뿌리 꽁지없는 동경암소
앞못보는 장님소 질마언저 저들이니 나갈떼는 빈발이요
들어올땐 찬바리라 앞에는 앞노적 뒤에는 뒷노적
멍에노적을 싸옵소서 아헤헤 ~ 삼산헤야

그는 그리도 하려니와
일년하구두 열두달 과년하구두 열석달 삼백하구두 육십일을
만사태평 하려면은 액풀이나 하고가세
정월이라 드는액은 이월한식 막아내고
이월이라 드는액은 삼월삼지 막아내고
삼월이라 드는액은 사월팔일 막아내고
사월이라 드는액은 오월단오 막아내고
오월이라 드는액은 유월유두 막아내고
유월이라 드는액은 칠월필성 막아내고
칠월이라 드는액은 팔월한가위 막아내고
팔월이라 드는액은 구월구일 막아내고
구월이라 드는액은 시월상달 막가내고
시월이라 드는액은 동지팟죽 막가내고

동지달에 드는액은 정월이라 대보름달

오곡잡곡 밥을지여 웃김치 한그릇세

으주월강 소멸하니 근들하니 영하리야

아헤헤 ~ 삼산혜야

이원표 채록본에는 김영준상쇠의 필체본과 달리 성주풀이가 없는 것 말고는 고사반 내용이 크게 차이 나지 않는다. 여하튼 이 두 사람의 고사반은 부론에서 오랫동안 불리워졌음을 알려준다.

원주 옆의 횡성군에도 고사소리가 남아있는데, 여기의 과거풀이와 농사풀이가 부론 고사소리와 비슷하다. 유추해보건대 원주와 횡성은 같은 문화권역이라 비슷한 고사반이 있었을 것이고, 부론의 고사소리 사설을 본 춘천 뒤뚜루 농악의 상쇠인 한춘녀선생이 우리 고사반이랑 비슷하다고 하니 영서권역의 독특한 서사 내용과 나아가 토리를 갖지않을까 생각되어지는데 이 연구는 영서의 한강수계권역을 더 조사한 다음으로 미룰 수 밖에 없다. 여하튼 원주-횡성권역의 고사소리 중 부론의 김영준 고사반이 잘 갈무리 되어있는 편이다.

(3) 김동운 고사반[18]

---

18)   이 주석은 필자가 한 것이 아니라 조사자인 우리소리연구소에서 한 것들이다.
http://blog.daum.net/sichoi2/104   우리소리연구소 민요특강-45회 : 세시의례
요(1)-풍물고사(1)
강원 / 횡성군 횡성읍 추동리 가래울 / 고사소리 (1994. 2. 4 / 김동운, 남,
1926)

그거는 그러하되

강남서 나오시는 호구별상[19] 마마님이 쉰세분이 나오실 제

조선이 적단 말을 바람풍편에 넙짓 듣고

쉰분은 호양하고[20] 단 세분이 나오실 제

어떤 손님 나오시나 말 잘하는 호견손님[21]

글 잘쓰는 문장손님 활 잘쏘는 활량손님

압록강을 다다르니 무슨 배를 잡아 탈까

무쇠배를 잡아 타니 무쇠배는 지남철이 겁이 나

흙토선을 모아 타니 흙토선은 동남풍에 풀어지고

나무배를 잡아 타니 나무배는 썩어지고

하도낙선 썩 내려가서 연잎 댓잎 쭈루룩 훑어

연잎은 섶을(바닥을 삼고) 댓잎을 섶을[22] 삼아

압록강에 띄워 놓고 마마님이 노를 저어

이 가중에 들어와서

---

19) 호구별상→호구별성(戶口別星) : 집집이 찾아 다니며 천연두를 앓게 한다는
     신(神).
20) 호양하고 : 되돌아가고.
21) 호견손님→호변(好辯)손님.
22) 섶 : 배의 옆 테두리.

*손님굿 : 씻김굿이나 동해안별신굿에서 하는 마마(손님)를 위하는 굿.

■ 과거풀이

이 가중에 옥동자를 바라볼 제
하루 이틀 몸을 주어 사흘 나흘 보람 내여[23]
닷새 엿새 보람 걷어 이레 여드레 일추월장을 시겨놓고
오뉴월에 외 가지 붇듯 칠팔월에 목화 피듯
서귀발로 낚은듯이[24] 우룽층층 자라날 제

한두살에 말 배우고 세네살에 글 배울 제
무슨 글을 가리킬고 천자이자 논어맹자 사서삼경
주역팔괘 무불통지 농락하니 만고에 문장이라
문장은 이태백이요 필법은 왕희지라

나라가 태평하다 하여 과괴를 보인다네
이댁에 도련님 거동 봐라
구름겉이 허튼 머리 반달같은 화룡수루[25] 허리설설 흘러 빗고
서각줄이 궁초댕기[26] 날출자로 잡어 매고

---

23)   보람내여 : 천연두에서 발진하는 것.
24)   빛을 받으면서 빨리 자란다는 뜻.
25)   와룡수 : 머리빗의 하나.
26)   서각줄이는 머리카락이고, 궁초댕기에서 궁초는 댕깃감으로 쓰는 비단이다.

홍사도포 청사띠에 아청칭 눌러 띠고 수수하게도 잘 차렸네

나구치장 시겨보세
서산나구 끌어내어 호피돋움[27] 돋워 놓고
비단다련[28] 다 달았으니 나구치장도 수수해예
도련님 거동봐라 나구등에 선뜻 앉어
비호같이 가는 나구 채를 들어 비용안
을중건너 떡정거리 장중안을 들어서니
팔도에 선비들이 구름같이 모였거늘

과일이 격한지라 글제판 바라보니
글제가 걸렸거늘 무슨 글제 걸렸거늘
봄 춘자 바람 풍자 춘풍이라구 걸렸거늘
도련님 거동보소 시지를 펼쳐 놓고
용연먹을 갈아 무슨 필 무황필
반 중등 흠썩 적서 일필휘지로 선장하니
상세관이 받아보고 아하 이 글 잘 지었구나
글자마다 비점이요 글귀마다 관주로다

알장급장[29] 독장원이요 홍패백패 내여주니

---

27)　　호피돋움 : 말을 탈 때 밟고 타는 것.
28)　　비단다련 : 말에 감는 비단.
29)　　알장급장 : 알성(謁聖)급제.

홍패백패를 받아 안고 처소에 돌아오니

아해광대가 한 쌍이요 으른광대가 한 쌍이요

본댁으로 선문하니 아해광대 앞 세우고 으른광대 뒷 세우고

거리소중 삼현육각을 울리면서 나려온다

본댁으로 선문하니 부모에게 현알하고

조상님께 소분하니 이런 영화가 또 있겠느냐

■농사풀이

그거는 그러하데 농사라도 지어보자

앞뜰논도 세마지기 뒷뜰논도 세마지기

건너배미도 세마지기 장구배미도 세마지기

무슨 볍씰 하여볼까

여주이천 자차베요 광주문안에 사살베

많이 먹자 검불베 수염이 많아 노인베

후두둑 두두둑 장끼찰 울퉁불퉁에 돼지찰 비단찰에 만물찰에

앞논에는 메베 심고 뒷논에는 찰베 심자

추수는 동작이라 추수를 걷어보자

물매같은[30] 종놈은 지게 걸어 져들이고

---

30)　　물매같은 : 무뚝둑한.

앵무같은 종애기는 따리 받혀 여들이고

우걱뿔이³¹⁾ 자각뿔이³²⁾ 별백이³³⁾ 노구거리³⁴⁾

나갈 적에 빈바리요³⁵⁾ 들어올 적에 쌍쌍들여

앞노적에 뒷노적에 멍에노적 가리노적 다물다물 쌓았는데

난데없는 부엉덕새는³⁶⁾ 너불넙쩍 날아들어

한 나래를 툭탁 치니 이리 만석에 쏟아지고

저리 만석 쏟아지고 억만석 수만석이 쏟아지니

거부장자 되게하고

그거는 그러하되 우마 유축 놓아보자

말을 놓으면 용마가 되고

소를 놓으면 창호가³⁷⁾ 되고

개를 놓으면 호박개 되고³⁸⁾

---

31)   우걱뿔이: 뿔이 앞으로 굽어진 소.
32)   자각뿔이:=자빡뿔이. 뿔이 뒤로 자빠진 소.
33)   별백이: 이마에 흰점이 있는 소.
34)   노구거리: 뿔이 양쪽다 안으로 꼬부라진 소. 노구솥을 올려 놓는 밭침쇠의 모양을 빗댄 것.
35)   나갈 적에 빈바리요
36)   부엉덕새: 부엉이는 닥치는 대로 물어다가 저축하는 습성이 있어서 횡재를 하거나 집안에 살림이 느는 것을 부엉이와 관련 지을 때가 많다. 봉덕새=봉황새를 일컫는 것일 수도…
37)   창호: 벽창우. 평안북도의 벽동(碧潼)·창성 지방에서 나는 크고 억센 소. 아주 힘이 좋은 소라 함.
38)   호박개: 삽살개.

닭을 놓으면 봉이가 된다

그 호박개 앞산 노적봉을 보구서 커정컹컹컹컹 짓는소리

만복이 돌아들어 거부장자 점지하고

(4) 부론비나리 더늠의 계기들

부론농악보존회가 김영준 상쇠의 고사반을 전승하는 것을 넘어서서 우리 시대에 재창작하려는 이유는 고사반 자체가 간결한 여러 가지 꺼리로 구성되어있어서 보다 자유로운 상상을 해낼 수 있는 것도 있지만, 각 꺼리마다 끝나는 짧은 후렴구가 전체 맥락을 아름답게 매듭짓고 이어주기 때문이다. 간단한 입발림 하나가 고사반 전체를 아름다운 소리로 상승시켜 준다. 이러한 고사소리의 미학적 배경을 잘 살려서 법고창신한 비나리로 재창작하려 하려 한다.

"삼산혜야~ ~ ~ ~"

라는 대목이다.

뭔가 강한 울림이 오는데, 저 깊은 속에서부터 나오는 근원적 열락의 소리, 세상을 얘기하다 근원적 육성으로 성속일여하는 소리의 느낌이다. 만화방창의 소리 같기도 하고, 옴마니반메홈[39]같은 진언

---

39)   우리 나라 불교계에서 가장 많이 외우는 진언(眞言) 가운데 하나.
     육자대명주(六字大明呪).이 주문을 지송하면 모든 죄악이 소멸되고 모든 공
     덕이 생겨난다고 한다.

(眞言)같기도 하지만 신앙과 성찰의 주문이 아니라, 사람 세상의 노래를 다한 끝에서 나오는 진언, 즉 진가(眞歌)의 느낌이 강하다.

이 '삼산혜'는 아무리 검색해도 찾아볼 수 없다. 그러나 이 삼산은 우리 민요 도처에 나오는 중요한 상징어이고, 그 배경은 우리 민족의 이른바 삼신 사상과 연관이 깊다.

三山 (三神山)은 중국, 발해에 있었다는 전설상의 신산(神山)을 가리키며, 선인들이 살며 불로불사의 약이 있다고 한다. 봉래산(蓬萊山)·방장산(方丈山)·영주산(瀛洲山)의 세 산이다.[40]

중국의 삼신산 전설에 등장하는 삼신산이 조선(朝鮮)에 있다고 믿는 신앙이 일찍부터 한국에 있었다. 조선은 3방(三方)이 모두 밑이 없는 깊은 바다이며 그 땅에 백두산(白頭山)의 천지(天池)가 있고 그 산정의 대(臺)가 넓다는 것이다. 또 그런 산이 셋 있는데 금강산이 봉래산, 지리산이 방장산, 한라산이 영주산이라는 것이다. 이 산들 위에는 때때로 신의 이적(異蹟)이 있다고 믿었다.[41]

즉, 이 주문을 외우면 머무는 곳에 한량없는 불보살과 신중(神衆)들이 모여서 보호하고 삼매(三昧)를 이루게 될 뿐 아니라 7대의 조상이 해탈을 얻으며, 본인은 육바라밀(六波羅蜜)의 원만한 공덕을 얻게 된다고 한다. 그리고 이 주문의 '옴마니반메훔'의 글자마다에는 지옥·아귀·축생·인간·아수라·천상의 육도(六道)를 벗어나게 하는 힘이 있어 윤회로부터 해탈하게 하는 기본적인 주문이다.
[네이버 지식백과] 육자대명주 [六字大明呪] (한국민족문화대백과, 한국학중앙연구원)
40)   네이버 지식백과
41)   위키백과

삼산에 대한 두 개의 한시가 있는데,[42]

　　長生靈藥三山遠 (장생영약삼산원)

　　濟衆神草百草香 (중신초백초향)

　　오래 살 수 있는 신령스러운 약을 얻는 삼신산은 멀지만,

　　세상 여러 대중을 살리는 신비로운 약초는 향기로운 백 가지 모든
풀이라네.[43]

　　却把三山興　都懷萬里鵬 (각파삼산홍 도회만리붕)

　　돌이켜 삼신산의 홍취를 잡아, 만리 대붕의 꿈을 모조리 품어보
네.[44]

---

42)　우리 민요 중에는 중국의 한시나 고사풍광을 가져다 넣어 부른 것이 많다. 대
　　표적인 것이 '범피중류'이다. 우리 판소리 중에 백미중의 백미 눈대목이다.
　　심청이가 인당수로 가는 뱃길에서 평조로 담담연하게 부르는 소리인데, 심청
　　이의 이야기를 넘어서서 삶과 죽음의 존재 문제를 차안/피안을 흘러가는 뱃
　　노래로 승화시킨 아름다운 노래이다.우리 삶의 근원을 느끼게 해주고 성찰하
　　게 하는 예술성이 뛰어난 절창이자 현실 정경이다.

43)　〈민영환閔泳煥 재아경사향在俄京思鄉〉
　　[네이버 지식백과] 삼신산 [三神山]
　　(한시어사전, 2007. 7. 9., 국학자료원)

44)　〈설장수楔長壽 세모잡술歲暮雜述〉
　　[네이버 지식백과] 삼산 [三山]
　　한시어사전, 전관수, 2007. 7. 9., 국학자료원

이 대목은 판소리나 민요 사설에 종종 등장한다.

남도 육자백이 중에도 이 대목이 나온다.

진양조의 느린 박.

　　삼산 (三山)은 반락청천외 (半落靑天外)요

　　이수중분 (二水中分)은 백로주 (白鷺洲)로구나

　　이 예 떴던 청산 두견이로다

　　자주 운다고 각 (各)새 소리

육자백이에도 한 소절이 있고,

육자백이와 자진 육자백이를 부른 다음에 잇대어서

아예 삼산은 반락이라는 제목으로 독자적인 구성과 박자를 가지

고도 불러진다.[45)]

---

45)　　〈삼산반락〉

　　　삼산은 반락 청천외요 이수중분은 백로주로구나

　　　1. 정이라 허는 것을 아니 줄려고 허였는디 우연히 가는 정은 어쩔 수가 없네

　　　2. 춘풍도리 화개야의 꽃만 피어도 님의 생각

　　　3. 말은 가자고 네 굽을 치는디 님은 꼭 붙들고 아니 놓네

　　　4. 가노라 간다 내가 돌아 나는 간다 떨떨거리고 내가 돌아간다.

　　　5. 저기 떴는 저 구름은 무슨 비바람을 품었더냐

　　　6. 제자다리 그랬던 음식 치고사 이리접첨 저리접첨

　　　　모집어 무릎 밑에 진득이 눌렀다.

　　　　머리를 동이고 반폭 치맛자락을 외로 둘러 걷고

　　　7. 치어다보느냐 만학은 천봉이요 내려 굽어보니 백사지로구나

경기민요 양산도에도 이 대목이 나온다. 세마치 장단의 여섯 개 소절 중에 다섯 번째에 있다.

"삼산은 반락에 모란봉이요, 이수중분에 능라도로다"[46]

청천 대신에 모란봉, 백로주 대신에 능라도로 치환해서 불리어진다. 물론 평양 대동강의 모습이다.

위 대동강의 모란봉과 능라도로 치환해서 노래로 부른 것에서 더 나아가 이 이백의 시를 근거로 지역의 유래와, 자연과 인문을 만들기까지 한다. 삼산이수(三山二水)의 고장이라고 칭해지는 김천(金泉)[47]이 그것이다.

---

46) 경기 지역의 대표적인 통속민요로 장단은 세마치로 되었다. 유절형식으로, 후 렴의 사설이 한가지로 고정되어 있지 않고 다음과 같이 여섯 가지가 엇바뀌 어 사용된다.

(후렴)

1. 에라 놓아라 아니 못 놓겠네 능지를 하여도 못 놓겠네
   에헤이예-

2. 세월아 봄철아 오고 가지 마라 장안의 호걸이 다 늙어간다
   에헤이예-

3. 일락은 서산에 해 떨어지고 월출 동령에 달 솟아온다
   에헤이예-

4. 아서라 말어라 네가 그리 마라 사람의 괄시를
   네 그리 마라 에헤이예-

5. 삼산은 반락에 모란봉이요 이수중분에 능라도로다
   에헤이예-

6. 이리렁성 저리렁성 흐뜨러진 근심 만화방창에
   에헤라 궁글려라 에헤이예-

[네이버 지식백과] 양산도 [陽山道] (한국민속문화 대백과 사전)

47) 이태백의 「등금릉봉황대」와 최호의 「등황학루」는 김천 지역의 대표적인 여 러 지명들의 유래를 제공했는데, 바로 금릉·삼산이수·봉황대·황학산·방초정

登金陵鳳凰臺(등금릉봉황대) - 李白(이백)

鳳凰臺上鳳凰遊(봉황대상봉황유) : 봉황대 위에 봉황이 노닐다가

鳳去臺空江自流(봉거대공강자류) : 봉황 떠나니 누대는 비어 있고 강물
만 흐른다

吳宮花草埋幽俓(오궁화초매유경) : 오나라 궁궐의 화초는 황폐한 길에
묻혀 있고

晉代衣冠成古丘(진대의관성고구) : 진나라 고관들은 낡은 무덤 다 되었네

三山半落靑天外(삼산반락청천외) : 삼산의 봉우리 푸른 산 밖으로 반쯤
솟아 있고

二水中分白鷺洲(이수중분백로주) : 두 강물은 나뉘어 백로주로 흐른다

總爲浮雲能蔽日(총위부운능폐일) : 하늘에 떠도는 구름 해를 가리어

長安不見使人愁(장안불견사인수) : 서울 장안 보이지 않으니 마음에 근
심이네

　　이런 '삼산'에 대한 우리 민족의 인식을 살펴볼 때, "삼산혜야
~~"라는 것의 '삼산'도 같은 맥락으로 해석될 수 있다. 삼산이란,
때로는 이적을 행해주기도 하는 우리 정신사의 이상향 같은 것이다

등이 그것이다. 조선 후기 중국에 대한 모화사상이 최고조에 달했을 때 중국
문학을 대표하는 양대 거장 이태백과 최초의 시를 흠모하던 김천 지역 사대
부들이 이와 같은 지명을 빌려 왔던 것으로, 당시의 가치관으로서는 충분히
가능했던 일이다.
[출처] 한국학중앙연구원 - 향토문화전자대전

이 뜻과 의미를 가지고 헤아려 보면 김영준 상쇠 고사반의 짧은 후렴귀는,

'아, 이 모든 것이 사람을 살게 하고 더 나은 삶을 꿈 꾸게 하는 삼산의 은혜로구나~'라는 아름다운 찬송이 된다. 따라서 고사반은 신격들에게 아뢰어 풀어버리는 것이 아니라 삶과, 삶의 내력과 과정을 만화방창으로 칭송하는 아름다운 존재 고백이 될 수 있는 것이다. 삶 그 자체에 대한 축원과 덕담이 되는 것이다. 그래서 삶과 세상은 다시 살아볼만 한 것으로 된다.

고사반, 비나리 재생이 의미는 여기에 있다. 우리 시대에도 비나리가 절실한 이유이다. 그런데 언젠가부터 풍물굿의 중요한 양식인 이 비나리가 슬슬 없어지기 시작하더니, 지금은 공연 형태나 간단한 풀이 정도로만 불리워진다. 고사반이나 비나리를 풍물굿 과정에 넣어서 풍물굿의 맥락 속에서 부르는 상쇠도 그리 많지 않다. 풍물굿에서 축원과 덕담이 흐드러지는 우리 삶의 존재 고백 과정이 점차 사라지고 있는 것이다.

(5) 평화비나리

부론풍물굿에서는 김영준 상쇠가 남겨준 이 고사반을 근거로 해서 우리 시대에 걸맞은 비나리를 재창작하여 한 단계 도약하려 하고 있다. 부론농악보존회 청년회에 속한 젊은 예술가들이 [광대패 모두골] 활동을 할 때부터 당대 비나리를 여러 각도로 창작하여 불렀던 경험이 있기 때문에 좋은 더늠을 할 수 있다고 여겨진다.

아래는 [광대패 모두골]이 창작하여 부르고 있는 [평화 비나리]이다. 강을 빌어 우리 민족의 평화를 노래하는 데 늘 힘 좋은 신명을 만들어내는 명 비나리로 정착되어가고 있다.

이 평화비나리는 백기완 선생의 시, 이시준 선생께서 작곡한 태평소 합주곡 '뱃노래', 김애영 선생이 작사, 작곡한 '한강을 평화의 강으로' 라는 노래로 구성되어 있다.

백두여 천지여 네 가슴 활짝 열어 맑은 샘물 넘쳐나라

압록강 두만강 낙동강 섬진강 맥박으로 흘러내려

한라여 백록담이여 열두 굽이 휘돌아서

하늘로 솟구치고 땅으로 굽이쳐 방울마다 얼이 맺혀

삼팔선 철조망에 서로 마주 부딪쳐 월렁거려 뒤틀어

분단벽 일시에 허물고 단숨에 차고나가

저 저 생명을 더럽히는 것들일랑 싸그리 쓸어내려

동해 바다에 처넣어라

삼천리 금수강산 쪽발이 몰아낸 후 어허 이것이 웬일이냐

부모형제 갈라지고 조국강산 토막 나 분단살 판을 치니

분단살을 풀고 가자

분단살이 무엇이더냐 북으로는 아득한 연해주 벌판,

민족의 시원 바이칼호수로부터

남으론 죽신한 지리산 줄기까지 단숨에 뛰어넘던 범 이야기 그리운데

꽁꽁 얼어붙은 산봉우리마다 통일에 갈망한 우리들이

미친듯이 불을 놓아

흘러내리는 그 물줄기로 오천년 묵은 때를 싸그리 씻겨내자

이 거친 숨결로 이 가쁜 숨결로 바람결을 거슬러

영원한 통일의 노래소리 귓가에 쟁쟁한데

하늘이고 살아가는 한반도라

오천년 가슴가슴에 패이고 고인상처 보듬고 쓰다듬어

새 천년 새 시대에는 모두가 주인 되고 벗님 되어

마주하는 통일시대 열어가자

한강을 평화의 강으로

김애영 작사/곡

평화비나리 공연

강원도의 **상쇠**들 — ❷ 영서지역 풍물굿

셋째마당

춘천
뒤뚜루농악

01 _ 한춘녀상쇠와 [춘천향토농악자료집]

현재 뒤뚜루농악의 상쇠는 한춘녀선생이다. 요근래 보기 드문 50대 여성 상쇠이다. 게다가 자수성가(?)한 상쇠이다. 일세대[1] 상쇠처럼 어릴 때부터 풍물을 하지도 않았고, 젊은 굿쟁이들처럼 전업적으로 매달리지도 않았다. 전라도의 상쇠들처럼 빼어난 기량을 가지지도 않았고 일세대 상쇠들처럼 몸에 잔뜩 밴 두레적 흔적의 맛깔스러움도 아직 없다. 우리가 알고 있는 상쇠로서의 성장 과정을 거치지 않고 독자적인 방식으로 상쇠에 들어섰다. 새로운 유형의 상쇠인 것이다.

기존 방식의 성장과정이 없는 한춘녀 선생은 어찌하여 한 대오를 능히 이끌고 풍물판을 벌일 수 있는 상쇠가 되었을까? '우리 시대의 상쇠'가 되기 위한 덕목을 가졌기 때문이다. 하나는 춘천 지역에서 전승되어오는 전래의 풍물을 어떡해서든지 찾아내어 뒤뚜루

---

1) 1980년대에 풍물굿이 사회 전부면으로 재생되었을 때, 그 당시에도 마을굿을 이루고 있었던 세대의 상쇠를 보통 일세대 상쇠라고 부른다.

농악의 자양분으로 삼으려 하고 있고, 또 하나는 그것을 기반으로, 우리 시대에 통하는 풍물이 되기 위해 여러 가지 고민을 하고 실제 더늠을 시도하고 있기 때문이다. 법고와 창신을 진중히 펼치고 있기 때문이다.

이 분의 춘천지역에 대한 풍물 자료조사는 엄청나다. '춘천적' 인 것을 찾아 오랫동안 발품을 부지런히 팔아 남긴 것이 [춘천향토 농악 자료집] 1,2권인데[2], 단일 지역에 대한 풍물조사치고는 상당한 조사량을 가지고 있다. 춘천 지역 농악에 대한 역사적 추적(1930년대 부터 해방 후, 지금까지)뿐 아니라, 마을농악의 의미, 춘천지역의 모든 마을농악에 대한 개괄까지, 나아가 방대한 인터뷰까지 다각도로 조사했다.

자료집 1,2

---

2)   한춘녀, [춘천향토농악자료집 1 - 1939년 경춘철도 개통식 농악경연대회 중심으로] (춘천뒤뚜루농악보존회, 2014년)
한춘녀, [춘천향토농악자료집 2 - 춘천마을농악 중심으로] (춘천뒤뚜루농악보존회, 2016년)

자료집 한 페이지가 10포인트 A4 한 페이지 분량으로 꽉 차서 두 권 다 300페이지가 넘으니, 원고지로 따지면 3,000장이 넘는 분량이다. 목차를 대략만 살펴봐도 1930년대 춘천농악, 1939년 경춘철도 개통식과 농악경연대회, 해방 후 중리 마을농악, 오늘날의 뒤뚜루농악에 대한 것이 있고, 춘천의 마을농악에 대한 조사도 방대하게 해 놓았다.

춘천 석사동 농악, 춘천 우두동 농악, 동내면 사암1리 농악, 동내면 사암2리 농악, 동내면 사암3리 세거리 농악, 동면 상걸리 농악, 북산면 물로리 농악, 사북면 고탄리 웅달말 농악, 사북면 지암리 농악, 서면 방동리 농악, 서면 월송리 농악, 신동면 중리 농악, 신북읍 지내1리 농악, 긴북읍 지내3리 농악, 신북읍 천진리 농악.

게다가 일반 민속학적 연구 관점이 아니라 현장 농악의 실제적인 모습을 생생하게 드러내는 방식을 취하면서, 단일 연구 대상으로 농악만을 집중적으로 조망한 것으로는 단연 으뜸이라 여겨진다.

한춘녀선생이 이와 같은 조사 사업만 했다면, 학자도 아니면서 열심히 현장을 뛰어 좋은 자료를 남긴 사람으로만 기억될 것이다. 그러나 한춘녀선생은 상쇠이다. 뒤뚜루농악을 이끌고 있는 현역 상쇠이다. 학구적 조사연구만을 위해 이 사업을 하지는 않았을 것이다. 우선은 뒤뚜루농악의 근간과 밑천을 알고 싶어서 시작했을 것이고, 그러면서 본인이 그렇게 주장하는 '춘천적'인 것을 밝혀내려했을 것이다. 그 '춘천적'인 것이 '뭣이간디' 이런 맹렬한 열정을 가지고 발품을 팔았을까? 학술적 뭣이간디가 아니라 현장농악의 연행적 뭣이간디에 목말라있었기 때문이라고 여겨진다. 밑천과 근간을 가지고 뒤뚜루농악을 지휘하고 싶었기 때문이라고 여겨진다. 현역 상쇠니까!

한춘녀상쇠는 '춘천적 농악'을 일단 마을굿에서 찾는다. 자신은 옛적 가치를 소중히 여기고 그런 마을농악의 마당판이 쇠락하는 것에서 걱정이 들어서 이 일을 시작했다고 한다. 예전 마을농악이 논바닥에 깃발 꽂아놓고 을자진, 달팽이진 정도만 갖고도 이리저리 실컷 놀았던 기억이 너무 강했다고 한다. 그래서 지금도, 그렇게 놀수 있었던, 공유된 어떤 정신적 가치와 논두렁에서 지 생긴대로 놀면서 생기는 어떤 뿌리적, 정신적 유대감과 그런데서 오는 안정감을 무척 강조한다. 그런 논두렁 농악을 통해 몰아의 신명 경지도 맛보았고 뒤뚜루농악도 그런 관점으로 커나가야 한다고 한다.

농악판에서 자기 신명을 내지 못하면 고생이라고까지 한다. 마을굿의 아름다움을 우리 시대에 드러내고 싶다는 것이다. 그래서 지금 춘천지역 농악의 시조라 할 수 있는 고옥봉선생께 지도를 받았고 강갑수 선생의 제자도 되었다. 이 선생님들뿐 아니라 무수히 만나본, 농악으로 살아있는 사람들의 얘기를 들으면서 뒤뚜루농악을 하고 싶은 욕구가 더욱 강하게 생겼다고 한다. 지금은 고옥봉선생의 농군악놀이를 더욱 심화시키며 당대 사람들의 감수성에 더욱 다가갈 수 있는 일에 집중한다고 한다.

밑천과 근간을 가지고 지금 시대에 농악을 연행한다는 것은, 법고창신(法古創新)의 관점을 취할 수 밖에 없다. 조사연구만으로는 창신의 관점이 없는 법고로 출발되기 때문에 실제 법고가 되지 않지만 당대 농악을 위한 어떤 간절함을 조사를 통해서 가져오려 했다면 창신으로 진화할 수 있는 법고가 된다. 즉 법고창신이 제대로 된다.

그래서 한춘녀 선생은 당연히 법고를 통한 창신의 활동을 할 수 밖에 없을 것이다. 후술하겠지만, 슬슬 연행 현장에서 더늠을 하기 시작했다. 그가 조사한 '춘천적'인 민요 몇 개를 가지고 올 해 참신한 '풍물 뮤지컬' 하나를 선보였다. 당대 대중의 감수성과 인터렉티브할 수 있는 농악을 연행하고 있는 중이다. 상쇠 한춘녀이니까.

한춘녀상쇠

춘천 지역에서 현재 농악이 나름 연행되고 있는 곳이 몇 군데 있다. 우두농악, 사미농악, 뒤뚜루농악 등이다. 사물놀이와 웃다리판굿의 전국적 전파로 인해 지역의 특색과 장점이 희석되거나 잃어버리는 상황에서도 그래도 '춘천적'인 것을 살리려 하고 있는 힘이 강한 곳이 뒤뚜루농악이다. 법고창신의 축적과 능력을 가지고 있어서 당대 연행으로서 절대 쇠락하지 않을 것이다. '춘천적'이라는 것의 과거 —현재—미래의 화두를 놓지 않으려는 긴장이 있기 때문이다. 이제 시작되고 아직 여물어지지는 않았지만 풍물굿으로 우리 시대에 유의미하게 재생되리라는 것은 자명한 일이다. 이 책에서 춘천의 대표 풍물굿으로 꼽은 이유이다.

한춘녀 상쇠는 게다가 '춘천적'을 넘어서 영서권역 농악으로 관심을 넓히고 있다. 뚜렷한 성격을 갖고 있는 영동지역 농악에 비해 좀 더 분명한 성격과 내용을 가질 필요가 있어서 그럴 수밖에 없다고 한다. 관심의 확장이지만, 이는 당연히 '춘천적'인 것으로 귀결될 것이다. 영서로 넓혀 '춘천적'을 살찌운다라는 전략을 갖고 있는 것이다. 그래서 맹렬한 탐구욕을 가진 이 상쇠는 강원도 영서지역 농악에 대한 1차 조사는 이미 마쳤다고 한다. 오래지 않아 또 무시무시한 조사자료가 나타나리란 예감이 든다.

한춘녀 상쇠는 독특하게 상쇠 자리에 오른 새로운 유형의 상쇠이다. 우리 시대에 살고 미래로 살아갈 풍물굿을 위해 똑 부러지는 법고창신의 방법을 택하고 있다. 밑천과 더늠을 같이 챙기고 연행하기 때문이다. 이 법고창신의 당대적 진화는 분명 뚝심 있게 진행되면서 춘천 뒤뚜루농악은 당대 삶의 현장에서 당대굿으로 숙성되어나갈 것이다.

한춘녀 상쇠의 뒤뚜루농악을 소개한다.

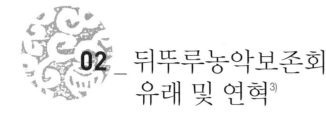

02 _ 뒤뚜루농악보존회 유래 및 연혁[3]

　　춘천뒤뚜루농악보존회는 춘천의 진산인 봉의산 뒤쪽마을(뒤뚜루)
농악을 보존계승하기 위해 1994년 후평동 주공3차아파트(석사3지구)
노인정에서 부활 결성되었으며, 20년간 지역농악과 민속예술보존을
위한 활발한 활동을 펼쳐왔다.

　　보존 작품으로는 1939년 경춘선 개통식 때 뒤뚜루 고옥봉 상쇠
가 지도 출전하여 1등하였다는 〈고옥봉 농군악놀이〉, 정월 세시풍
속 민속놀이인 〈정월대보름 달맞이굿 횃불놀이〉, 〈정월대보름 달맞
이굿 술령수싸움놀이〉, 〈(고) 강갑수 선생의 고사반〉 등이 있다.

　　2016년 현재는 회장 김창수 이하 회원 30여명의 농악단체로서
지역농악 및 민속놀이보존을 위해 심혈을 기울이고 있으며 2013년
에는 강원도지정 농악전문예술단체로 지정받은 바 있다.

　　'뒤뚜루'는 옛 지역 명칭으로서 춘천의 안산인 봉의산 앞쪽을

---

3)　　이하 판제 구성까지 뒤뚜루농악에 대한 소개는 한춘녀상쇠께서 보내주신 자
　　료이다. 문화재전수조사를 위해 자료 정리를 하셨다 한다.

앞뚜루, 뒤쪽을 뒤뚜루라고 하였다고 한다.

연도	활동 연혁	비고
1994	후평동 주공3차아파트 (석사3지구) 노인정에서 옛 뒤뚜루농악 계승을 위한 부활결성	주영흡. 한명서 송윤식, 김규환 발의 결성
1995	뒤뚜루 고옥봉 쇠명인 초빙 농악지도	
1999	강원민속예술축제 동참(외바퀴수레싸움)	종합우수상 도통수 신재봉
2000	전국 민속예술축제 동참 (전남 순천)	외바퀴수레싸움
2008	강원 민속예술축제 동참(고성)	우두 대동천렵놀이
2012	춘천뒤뚜루농악보존회로 개칭	회장 한춘녀
2013	제1회, 2회 〈춘천관내농악인 사랑방2모임〉개최	강원문화재단 지원사업
2013	〈오월의 산골짝이, 실레농악〉 사업 -1939년 경춘철도 개통식 농악경연대회	강원문화재단 지원사업 강갑수 선생지도
2013	〈춘천지역 마을농악 고찰〉 학술대회 개최	춘천문화재단사업
2013	강원도 전문예술단체 지정 (2013-13호)	강원도
2014	정월대보름 축제 〈횃불놀이〉 재현공연	문화원
2014	영동영서교류사업 중요무형문화재 11-4호 강릉농악 초빙 제 1회 영동 영서농악 한마당 큰잔치 개최	풍물시장 상가번영회 후원
2013 -2014	강갑수 선생 쇠명인으로 지정 (제 5회, 제6회 강릉농악의 강원도 쇠명인전)	강릉농악보존회
2014	〈춘천향토농악자료집 I 〉발간	강원문화재단
2015	정월대보름민속놀이 〈술령수놀이〉 재현공연	강원문화재단
2015	제 2회 당진 전국풍물대회 참방상 수상	기지시줄다리기박물관

연도	활동 연혁	비고
2015	평택웃다리농악경연대회 참가	
2015	〈우리가락 우리마당〉 공연	강원문화재단
2015	〈 샘밭장타령과 유랑농악〉 기획공연	춘천문화재단
2016	신임 김창수 회장 선출	
2016	제 3회 충남도기 당진풍물대회 참가	기지시줄다리기박물관
2016	영동영서교류사업 중요무형문화재 11-4호 강릉농악 초빙 제 2회 영동 영서농악 한마당 큰잔치 개최	(사)풍물시장 상가번영회 후원
2016	〈춘천향토농악자료집 II 〉발간	

03 _ 편성과 치배 복색과 순서

(1) 농악대 편성

1. 상쇠 1

2. 부쇠 1

3. 징 1

4. 장구 3

5. 북 3

6. 상모 5

7. 무동 5

8. 잡색 5명 이상

9. 12발 장상모1

10. 무등애 2

11. 농기 1

12. 단체기 1

13. 취태(태평소) 1

　　합 30명

(2) 치배 복색

1. 농기수·단체기수·취태수 : 흰 광목바지 저고리, 검정조끼, 흰
   두건, 흰 고무신, 미투리.

2. 상쇠·부쇠 : 흰 광목바지 저고리, 검정조끼, 탑상모, 삼색끈, 미
   투리.

3. 징잽이·장구잽이·북잽이 : 흰 광목바지저고리, 검정조끼, 고
   깔, 삼색끈, 미투리.

4. 돌모잡이·장상모잡이 : 흰 광목바지저고리, 검정조끼, 탑상모,
   삼색끈, 미투리.

5. 무동 : 빨강피마, 노란저고리, 파란색 쾌자, 고깔, 삼색끈, 미투리.

6. 잡색 :

   1) 대감 : 두루마기, 갓, 부채, 장죽, 고무신, 흰수염.

   2) 할머니 : 단색 한복치마 저고리, 고무신, 머리수건. 지팡이.

   3) 화둥이 : 떨어지고 꿰맨 옷, 검은수염, 바가지탈, 짧은 담뱃대.

   4) 파계승 : 스님복색, 바랑.

   5) 각시 : 검정치마, 흰저고리, 버선, 고무신,

7. 무등애 : 흰광목 바지저고리, 검정조끼, 탑상모, 미투리.

(3) 치배 순서

농기 - 단체기 - 취태 - 상쇠 - 부쇠 - 징 - 장구 - 북 - 돌모(상모) -
무동 - 무등애 - 잡색

(* 잡색 중 화둥이는 순서에 상관없이 왔다갔다하며 잡색을 이끌거나 관객과 소
   통하거나 자유롭다)

04 _ 뒤뚜루농악 가락보
(고옥봉 농군악놀이 가락보)

* 고옥봉 농군악놀이 가락의 쓰임새에 따른 분류

1) 소집가락

2) 질구나가락

3) 인사가락(서낭굿가락)

4) 진놀음가락

5) 놀음놀이가락

* 다시 세분하면

1) 소집가락 (일채 3가지)

2) 질구나가락 (질구나, 자진질구나, 느린쑤시개)

3) 인사굿가락 (서낭굿가락)

4) 진놀음가락 (자진질구나, 쑤시개, 자진쑤시개, 술령수가락)

5) 놀음놀이가락 (질고나, 쑤시개, 자진쑤시개, 자진가락 류)

* 고옥봉농군악놀이의 농악가락의 특징 :

 - 타 지역에 없는 고유한 가락명칭들이 많다.

 - 가락이 억세고 투박한 편이다.

 - '캔두라구깩구', '캐갠두구깩구' 같은 독특한 가락이 있다.

1) 소집가락

1 유형	캥			캥		
2 유형	캔		캐	캔		캐
3 유형	캔	두	라	캔	두	라

2) 질구나

질구나 (굿거리형)

쟁과리	캔	두	캐	캔	두	캐	캔	두	캐	캔	-	캐	
	캔	캐	캐	캔	캐	캐	캔	두라	캐	캔	캐	캐	×
	캔	캐	캐	캔	캐	캐	캔	두	캐	캔	-	캐	∞
	캥	캥		캥	-	캐	캔	두	캐	캔	-	캐	

장구	덩	기	다	궁	따	궁	덩	기	다	궁	따	궁	
	덩	더	덩	덩	더	덩	덩	더	덩	덩	더	덩	×
	덩	더	덩	덩	더	덩	덩	기	다	궁	따	궁	∞
	덩	덩		덩		따	덩	기	다	궁	따	궁	

복	둥		둥	둥		둥	둥		둥	둥		둥	
	둥	두	둥	둥	두	둥	둥	두	둥	둥	두	둥	×
	둥	두	둥	둥	두	둥	둥		둥	둥		둥	∞
	둥	둥		둥		둥	둥		둥	둥		둥	

징	둥		둥	둥		둥	둥		둥	둥		둥	×∞
	둥	두	둥	둥	두	둥	둥	두	둥	둥	두	둥	
	둥	두	둥	둥	두	둥	둥		둥	둥		둥	
	둥	둥		둥		둥	둥		둥	둥		둥	

징	징			징		×∞
	징		징	징	징	
	징		징	징		
	징			징		

3) 자진 질구나

쟁과리	캔	두	캐	캥	-	캔	두	캐	캥	-	캔	두	캐	캔	두	캐	캔	두	캐	캔	-
	캐	갠		두라	갠		두라	갠	깨	-	캐	갠	-	깨	-						

장구	덩		더	쿵	덩		더	쿵	덩	-	더	쿵	-	더	쿵		더	쿵	-
	더	덩		더	덩		더	덩	떵	-	더	덩		떵					

북	둥		두	둥		둥		두	둥		둥	-	두	둥	-	두	둥		두	둥	-
	두	둥		두	둥		두	둥	똥	-	두	둥	-	똥	-						

징	징			징			징		징		징			
	징					징								

4) 느린쑤시개 (달맞이굿가락)

쟁과리	캔	두캐	캥	캔	두캐	캥	캔	두캐	캥	캥	깨	갱

장구	덩	더	궁	덩	더	궁	덩	더	궁	궁	딱	궁

북	둥	두	둥	둥	두	둥	둥	두	둥	둥		둥

징	징		징		징				

5) 인사굿가락(서낭굿가락)

꽹과리	캐	캐	캥	–	캐	캐	캥	–	캐	캐	캐	캐	캐	캐	캥	–
장구	더	더	덩		더	더	덩		더	더	더	더	더	더	덩	
북	두	두	둥		두	두	둥		두	두	두	두	두	두	둥	
징	징								징							

6) 쑤시개가락

(1) 꽹과리 (여러 변형가락)

꽹과리	캔	두	캐	캔	두	캐	캔	두	캐	캐	갱	
(기본)	캔	두	캐	캥	–	캐	캔	두	캐	캐	갱	

꽹과리	캔	두	캐	캔	두	캐	캔	두	캐	캐	갱	
	캐	캥	–	캥	–	캐	캔	두	캐	캐	갱	

꽹과리	캔	두	캐	캔	두	캐	캔	두	캐	캐	갱	
	캐	갠	두	구	깩	구	캔	두	캐	캐	갱	

(2) 장구

장구	덩	–	따	궁	–	따	궁	따	따	궁	따
	덩	–	따	궁	따	따	궁	따	따	궁	따

(3) 북

북	둥		두	둥		두	둥		둥		둥	

(4) 징

징	징		징		징			

7) 자진쑤시개 몰이가락

(몰이가락1)

꽹과리1	캥	–	캐	캐	캐	캐
꽹과리2	캔	두	캐	캐	캐	캐
장구	덩		따	궁	따	따
북	둥			둥		
징	징					

(몰이가락2)

꽹과리2	캔	두	캐	캐	캐	캐

8) 자진 쑤시개 (천부당만부당)

꽹과리	캔	두	캐	캔	두	캐
장구	궁	따	따	궁	따	따
북	둥		둥			
징	징					

9) 술령수 가락

구음 : "이겼다졌-다 밀어라밀어-"

꽹과리	캔	두	캐	캥	–	깨	캔	두	캐	캐	갱	–

장구	궁	따	따	궁	–	따	궁	따	따	궁	따	–

북	둥			둥			둥			둥		

징	징						징					

10) 우물굿가락 (자진가락 류)

(1) 내는 가락

꽹과리	캥	캥	캥	캥	×2

장구	덩	덩	덩	덩	×2

북	둥	둥	둥	둥	×2

징	징				×2

(2) 본가락

꽹과리	캥	캥	캔두	캥	×6
	캥	캥	캥	캥	×∞ 우물굿가락
	캔두	캥	캥	캥	(윗물 샘물아랫물샘물)

장구	덩	덩		쿵	×∞

북	둥	두	둥	두	×∞

징	징				×∞

(3) 달아올리는가락

꽹과리	캔지	캥	캔지	캥	×∞
장구	궁따	쿵	궁따	쿵	×∞
북	등		등		×∞
징	징				×∞

(4) 맺이 신호가락

꽹과리	캥	캥	캥	캥	×2 갱!
장구	덩	덩	덩	덩	×2
북	등	등	등	등	×2
징	징				×2

(5) 맺음 (굿거리형)과 인사

꽹과리	캔	-	캐	캔	-	캐	캔	두	캐	캔	-	캥	×1
	객	!		(	맺		음		인		사	)	

장구	덩		덩	덩		덩	덩		덩	덩		따	×1
	떵	!											

북	등		등	등		등	등		등	등		따	×1
	뚱	!											

징	징		징		징		징		×1
	쩡	!						

05 _ 고옥봉 농군악놀이의 판제구성과 내용[4]

△ 특색 :

(1) 군사적 진놀음 위주의 농군악이다.

(2) 전체놀이 비중이 높다.

(3) 전체놀이, 부별, 개인놀이가 병행된다.

(4) 뒤뚜루농악만의 유일한 진풀이가 있다 - 팔만금사진

△ 판제구성과 내용 - 군사적 진놀이 농악

모듬굿 : 소집가락으로 소집시킨다.

인사굿 : 본부석(서낭당) 향해 2열 횡대로 서서 삼배 절한다.

이진 : 인사가 끝나면 각 줄이 반원을 만든 다음 마당 한가운데
　　　로 2열 종대로 들어와 선다.

　　　서로 밀고 당기며 전진과 후퇴를 2회 반복한다.

---

4)　　1939년 경춘철도 개통식 때 우승한 '고옥봉상쇠의 농군악놀이'를 뒤뚜루농악
　　이 가장 잘 전승해내고 있다.

삼진 : 다시 한 줄 원진으로 만든 후 악기치배 한 원, 상모꾼 한 원, 무동 한 원, 세 개의 원을 만든다. 즉 적을 세 군데로 포위하여 좌우로 포위하기, 앞뒤로 진퇴하기 등 놀이를 한다. 이때 상쇠는 삼원 사이 중앙에 서서 지휘한다.

사진 : 삼진을 풀어 다시 원진을 만든 다음 네모난 진을 만든다. 쇠와 가죽악기의 교차진이 있고 상모와 무동들의 교차진을 각각 2회 반복한다.
이 진은 돌격, 포격, 진뺏기 등의 군사적 의미를 가진다.
다음은 가운데서 상쇠놀음을 한다. 상쇠놀음 후에는 상모 놀이가 있다.

오진 : 사진놀이가 끝나면 무등애가 무등받침 위에 올라서서 들어온다.
무등놀이가 한바퀴 돌고나면 바로 무동들이 무등을 둘러싸고 돈다.
이때 쇠치배줄과 가죽치배줄, 그리고 상모줄이 다 후퇴하는 양 바깥으로 크게 역방향으로 돈다. 결국 5개의 동심원들이 역방향으로 잠깐 돌다가 옆뛰기로 맺는다.
군사적으로 성벽쌓기, 방어진 등을 의미한다.

육진 : 진을 풀어 상쇠가 한가운데 서고 치배별로 6방향 방사형으로 선다.
가운데 갇힌 적들이 꼼짝하지 못하도록 치배별 6개의 줄은 좌, 우, 제자리로 이동하 다가 다시 앞뒤로 모여들었

다가 적을 궤멸시킨 뒤 뒤로 후퇴한다. 이때 12발 상모놀
이가 넓혀진 가운데 공간에서 놀음놀이한다. 정화, 재정
비, 방어진 구축 등의 의미라 볼 수 있다.

팔만금사진 : 적을 전원 궤멸시키려면 아군의 희생도 크기 때문
에 4방위 중 한 쪽은 꼭 출구를 내놓고 공격을 한다. 출
구를 남겨놓고 돌면서 점차 포위망을 좁혀간다. 적들이
도망가고 남은 적들을 바로 에워싸서 궤멸시킨다. 적을
다 사로잡으면 "다당 땅!" 쇠와 징이 함께 울리고 전원이
"와아" 환호를 지른다.

승전 한마당놀이 : 승전의 기쁨을 함께 춤추며 신명껏 논다.

뒤뚜루농악 공연

06 _ 강갑수선생 고사반

고사소리, 고사반, 비나리는 풍물굿판에서 하는 축원, 덕담의 노래이다. 풍물굿판에서는 용어가 다르지만 고사용 소리라는 점에서 대동소이하다. 불교와 무가권에서 영향을 받아 풍물굿판에서 판제와 결합하여 하는 축원, 덕담의 형식으로 이 고사반을 부른다.

고사반(告祀盤)은 걸립굿을 거행할 때 걸립패에게 대접할 물건을 차려 놓은 상 혹은 그러한 절차를 말한다.[5] 고사소리[6]와 비나리[7]도

---

5)   [한국민속대백과 사전].

6)   농악대는 정초의 지신밟기 때 대체로 문굿에서 시작하여 샘굿, 조왕굿, 성주굿, 노적굿 등의 순서로 〈고사소리〉를 불렀다. 이 중에서 가옥 최고신인 성주신을 위한 제차에서 불리는 〈성주굿 고사소리〉는 다른 장소의 굿에서 불리는 소리들에 비해 내용이 풍부하다. 〈배고사 지내는 소리〉와 〈굴 부르는 소리〉는 각각 사고 없이 만선이 되기를, 그리고 굴 양식이 잘되기를 기원하며 부른다. [한국민속문학사전(민요 편)](국립민속박물관)

7)   고사를 지내며 부르는 노래. 천지개벽, 축원덕담, 살풀이, 액풀이 등을 주요 내용으로 함. 사물의 가락 위에 축원과 고사덕담의 내용을 담은 노래를 얹어 부르는 우리민족 고유의 신앙행위이다. 어원은 정확하지 않으나 소원을 비는 행위를 나타내는 '빌다', '비나이다'의 의미를 가진 것으로 추정된다. 고사(告

마찬가지 의미를 가진다. 지금도 일상 생활에서 무언가 잘 되기를 희망할 때 크건 작건 고사를 지내고 있다. 정식 의례 차원이 아니더라도 떡시루 하나, 명태 하나의 작은 비손은 아직도 이곳저곳에서 볼 수가 있는 것이다.[8] 생활에 늘 밀접한 이 일들을 풍물굿판에

祀)소리는 고사반, 고사덕담이라고도 부르는데 비나리는 순우리말로 소리의 성격을 뚜렷하게 보여준다고 여겨 많이 사용된다. 마당굿을 마친 후 걸립패(乞粒牌 : 고사, 축원을 해주고 돈과 곡식을 얻는 풍물패)의 풍물재비가 고사상 앞에서 부르는 소리로 알려져 있다. 주요 내용에는 축원덕담, 천지개벽, 살풀이, 액풀이 등을 담고 있다. [시사상식사전] (박문각)

8) 요즘 새 차를 뽑으면 고사를 하는 사람이 꽤 있다. 특히 화물차인 경우는 고사를 거의 지내는 편이다. 떡이나 명태로 간단히 상을 차리고 술을 뿌리고 음복하는 간단한 고사이다. 명태에 실을 감아 엔진룸에 매어놓거나 운전석 백미러에 달아두기도 한다. 김영준이라는 고사꾼이 차량고사문을 만들어 부른 모양인데, 이렇듯 소박한 바람을 재미있게 비손한다.

유(維)세차 戊子年 己未月 甲寅日 庚午時

江陵市 사천면 산대월리에 사는 김영준이 만물을 두루 굽어 살피시는 천지신명께 고하나이다.

오늘 새로 자동차를 구입함에 있어 맑은 술과 음식을 정성껏 마련하여 하늘과 땅의 신에 올리오니 부디 흠향하시고, 안전운행 굽어 살피소서.

운전석에 앉는 순간 가족의 얼굴을 떠올리게 하시고, 많이 흥분한 감정이라면 마음을 차분히 가라앉게 하시어 다른 어떤 물체와도 단 한차례의 충돌도 없이 제 갈 길로 만 가게 해 주시기 바랍니다.

술을 마신상태거나 졸음운전, 잡생각을 하면서 운행할 시에는 시동을 멈춰주시어 운전자가 차에서나 가정에서 건강한 생활을 영위할 수 있도록 지켜주시기 바랍니다.

또한, 자동차 내에서는 자동차운전 이외의 부적절한 행위를 하지 않겠나이다. 다만 단 한 사람에게는 그저 너그럽게 이해해 주시기를 간절히 바랍니다.

자동차가 노쇠하여 천수를 누리기 전 까지는 점검이나 수리가 필요하지 않도록 자동차의 건강도 아울러 보살펴 주시기 바랍니다.

우리가족과 주위 분들의 정성으로 안전운행을 뜻 모아 기원하오니 부디 보우

서 절차를 가지고 하던 흐드러진 의례가 고사반이었다.

그간 풍물굿판에서 이 고사반은 점점 쇠락해왔다. 예전의 풍물굿에서는 지신밟기할 때 전국의 어디에서나 각자의 독특한 토리와 내용을 가진 왕성한 고사소리를 불렀다. 당연히 상쇠들을 대부분 고사소리를 하는 소리꾼이었다. 사람들의 구체적 삶과 연관된 풍물굿의 여러 가지 양식들과 절차와 기제들이 사라지게 된 것은 대회용농악의 볼거리 연행으로 급격히 축소되었기 때문이다. 당연히 요즘 풍물굿판에서는 고사소리를 부르는 상쇠들은 아주 적다. 일대 상쇠들말고는 잘 부르지 않는다. 젊은 사물놀이패들이 '이광수 비나리'를 연행 요식으로 부르는 것이 좋다수이고, 지신밟기나 판굿의 앞자락에서 벌이는 절절한 갈망의 소리는 점점 더 듣기 어려워지고 있다.

이러한 고사소리를 뒤뚜루농악의 젊은 50대 상쇠가 부르고 있다. 발품 팔아 일세대로부터 소리를 잘 챙겨서 열심히 전수받고 자신의 농악판에서 늘 고사반을 부른다. 소리도 전문적으로 훈련받지 못했지만 고사소리 청 정도로 열심히 부른다고 한다. 고사소리 자체의 소리적 완성도보다는 시대 상황과 맞는 사설로 조금씩 더늠하며, 그리고 요청되어지는 수준에 맞게 부지런히 부른다고 한다. 지신밟기, 판굿 등 용도에 맞게 더늠을 해본다고 한다. 한춘녀 상쇠의 특성상 이 고사반은 우리 시대에 맞춤하도록 더늠되며 점점 숙성되어 나갈 것이다.

하여 주시옵소서.
尙饗
戊子年 己未月 甲寅日 庚午時 김영준 拜上

강갑수 고사반

■ 치국잡기(필자주)*

국태민안에 가급인지(家給人足) 요지일월은 순지건곤이라

봄은연차시와년풍(時和年豐) 년년이돌아올때

합곡을눌러 대궐을짓고 대골앞에육조로다

육조백판서배판할 때 어서부터배판인가

서천이라서역국서 쉬인세분이나오시다

쉬은분은돌아시고 담은세분이나오셨네

어떤양반나오셨나 말잘하는구변객

글잘쓰는 문장객

돈잘쓰는 활양객 다문세분이 나오셨네

앞강를 당도하니 앞제보자도열두강요

뒷강도열두강 이십사강건너실 때

무슨배를 타러떠야 남무배를 타자하니썻어저서 못쓰겠고

돌배를타자하니 가라앉아못쓰겠구

낙엽선을타자하니 광풍이두렵구나

무세배를타자하니 지납석이 염분이라

사기배를타자하니 사그러져서못쓰겠고

---

*   출처 : http://blog.daum.net/min-sok/15381121
       김기영의 강릉단오제

흙토선을타자하니 풀어져서못쓰겠구

예라급배못쓰겠다 우리나라에수양버들

저나라에떡보들 상상가지을꺽구로잡고

쪼로록흘터 옆옆프로조각조각이배를모아

앞에는 앞사공 뒷에는 뒷사공

허리간에화장[9]드라 물때점점늦어간다

예라만수 예라대신[10]이야

■ 산세풀이[11]

조선땅에 건너서서 팔도강산을 도라볼때

명맥을 차자보는데

함경도라 장백정맥 백두대간에 백두정맥

---

9)   배에서 밥해주는 남자. (이하 주석은 한춘녀 상쇠가 달은 주석이다.)

10) 문화류씨 좌상공파의 시조는 만자 수자 할아버지로, 이성계의의 조선건국 때 원종공신으로 찬성의벼슬을 하였다. 후에 좌의정 시호를 받으신 분으로 그분 이 한창 정치의 중심에 있을 때 정치이슈가 미신타파였는데 그래서 무당은 산으로 지하로 숨게 되었으며 성주풀이 주문을 보면 "어라 만수 어라 대감 썩 물렀거라"로 류 만수 대감을 저주하는 것으로 무당이 굿하다가 "어허 오 늘 굿이 안되네 구경꾼중에 문화류씨가 있나"이런다. 그래서 무당과 문화류 씨는 상극이라고 한다.

11) 풍수지리적 관념의 천지생성에 의해 우리나라의 큰 정맥들은 다 훑어내려가 다가 결국은 고사반 하는 마을, 고사반하는 집자리가 제일 명당임을 이야기 한다. 즉 명당경에 속한다고 볼 수 있겠다.

평안도라 청북정맥 청남정맥 해서정맥

경기도라 한북정맥 한양도읍지인 삼각정맥

충청도로 드러서서 금부정맥 한남정맥

경상도로 드러서서 소맥정맥 낙동정맥 태백정맥

절나도로 드러서서 백두대간에 호남정맥 낙남정맥

에라이도명당이 아니로다

백두대간을 두루살펴 금강산을 차자올라

일만이천봉 팔만구암자을 쌋쌋이 차자보는데

주벽도사를 만나 명지를이르는데

강원도에도읍지는 春川라이르면서

금강에물길을따라 구 비치여가다보면

도읍지가나올터일세 물길따라나려오니

東쪽에는대룡산 남쪽에는삼악산

북쪽에는광악산 소양천말근물은 봉의산을 휘돌아서

한양으로 흐르고 이곳이명다지일세

봉의산은 암산이요 안마산은 수산이니

청용백호가 분명하니 이곳이도읍지일세

평생동락하는구나 이 자리가 명당일세

토지지신살을가되여 옥당가옥이룰적에

박씨곤명대주신은 명산대천자자드러

청송솔잎 꺽어다가 수문장에 금침하고

성한사람나갈세라 부정한사람드를세라

불철주야공명하여 이 자리를마련하고

옥당고체지여녹코 명철하신판수불너

일년신수비를적에

하탕에 목욕하고 중탕에 수족씻고

상탕에 정안수드려

아홉구멍 대시주에 다섯구멍동실루에

白米서말쓸코씨러 시루가득채와녹코

정안수공양바치여녹코

터왕터주신과 성주판관대장군을 옥당에 모시여녹코

판수분네비는말이 비나이다비나이다

터주지신 주왕지신 옥당으로좌정하시여

내로는 흠향하고 외로는 흐덕하시기을 기원하나이다

이정성을 발원키를 '강생'에 축원대로

소원성취해달라고발원이요

■ 그해 연월 부정풀이(액맥이 - 조사자주)

이월에 드는액은 삼월삼질에 막아내고

삼월에 드는액은 사월초파일 막아내고

사월이라드는액은 오월단오에 막아내고

오월이라 드는액은 유월유두에 막아내고

유월이라 드는액은 칠월칠석에 막아내고

칠월이라드는액은 팔월한가위 막아내고

팔월이라드는액은 구월구일에 막아내고

구월이라드는액은 시월달로 막아내고

시월이라드는액은 동지달로 막아내고

동지섯달에 드는액은 정월보름 막아내며

일년은열두달 관역은 열섯달

삼백육십오일이갈지라도

무사태평해달라고 이정성을발원이요!

불설명당신주경 안토지신명당경

천세천세수천세 만세만세수만세

부기부기또부기(부귀) 일석월석에악소멸

천상천하대복지 옴급급여술영[12]

고자에 사설축원을 고하시요!

(이 부분은 고사반 하는 이에게 일러두는 말씀인 듯)

보신경과 (태을 보신경)과 명당경도 고한다

우마유축 일년농사 그해년월부정풀이는 고자가 행하며

편자에가독과 우마유축을 고하면 된다.

꼭 보신경을 축하여야한다.

---

12)   바른표기는 '옴 급급 여울령 사바하'.

■ 성주풀이

○○○씨공명[13] 대주신네 가문을바라보니

소슬대문세귀[14]에는 풍경이달려있네

북문을봐라보니 수심[15]이 흐르는군아

이명당차 가중에 ○○○공명 대주신이

삼칠일을 정해놓고 길흉날짜가려서

성주판관대주신에 녹음에[16]정성발원키에

삼칠일을 정성드려 머리에백권(흰두건)스고

입에는 함을물고[17] 다섯구멍 동실루에

아홉구멍대실루에 백미스말스되실코실어

성주전에제올릴때 ○○○대주신에

공덕을 주앙전[18]에 비나이다

---

13) 乾命은 남자가 태어난 해이며 坤命은 여자가 태어난 해. 불교에서 축원할 때
     여자를 곤명이라 함.

14) 동서남향만 풍경을 단다. 북쪽은 달지 않으며 머리를 두지 않는다. 냉한 기운
     이 있고 북쪽은 송장 등이 나가는 방위로 예부터 북문지킴이는 없다고 강갑
     수 선생 구술. 보통 대문하고 여자들만 드나드는 물문은 따로 있었다고 함.

15) 걱정을 의미하기도 하고 땅속 물길을 말하기도 함.

16) 일반 제사밥은 '진메 짓는다'하고 신에게 올릴 밥은 '노그메 짓는다'라고 함.

17) 행여 밥이나 떡을 찌는 아낙의 침이라고 튀여들어갈까 봐 나무막대기 물에
     적서 수건으로 동여맨 것을 입에 문다. 그만큼 조심하고 정성을 들인다는 뜻.

18) 옛날 부엌 복판 솥 뒤를 주앙이라고 한다. 밥, 떡, 새로 한 음식 등은 주앙에
     두었다가 먹는다고 한다.

성주판관대장군은 수문장에걷이하여[19]

이정성을 발언하니 일년열두달 관역[20]은열스달

삼백육십오일을 이정성을발언할 때

가내제절무사키를 지신전에비나이다

이댁을봐라보니 지수[21]가흐르는군아

수분이상승하니 금시발복하이로다

○○○공명대주신 이정성을발원키에

수년을 단정하고 삼색실과간쳐놓고

이정성을발원할 때 비나이다비나이다

우마유축 잘되라고 이정성을발원하니

당상부모천년수요 슬아자손만세령이요

소를매면우겻뿔[22]이 닭을놓면상사[23]되고

말을매면용마된다 예라만수대신이야

한춘녀상쇠께서 이 자료를 보내주며 인근 횡성의 고사소리와 강갑수 선생의 고사소리가 비슷한 부분이 있다며 그 부분을 뽑아 보내주셨다.

---

19) 말을 건네어 시킨다는 뜻으로 소나무가지를 엮은 송침을 의미한다고 한다.
20) 윤달 의미.
21) 땅속 흐르는 물. 땅속 물줄기가 상량 밑으로 흐르면 부자가 되고 방고래 밑으로 흐르면 나쁘다고 한다.
22) 소 양쪽 뿔이 앞쪽으로 항아리를 안듯이 난 소를 말한다. 일도 잘 하고 잘 벌어들여 재산도 모인다고 한다. 표준말은 우걱부리이다.
23) 강갑수 선생에 의하면 제일 먼저 우는 닭으로 홰를 높이치며 운다고 한다.

강갑수 선생의 사설내용 중 가장 유사한 것을 찾아내었다.[24]

강원도 횡성군 횡성읍 추동리 가래울에 사는 김동운(남. 1926생)의 고사소리이다. 1926년생이라면 강갑수 선생과 동갑이다. 강갑수 선생의 고사반은 전라도, 경상도의 고사반과 많이 다르다. 강갑수 선생의 고사반에서 나라를 세우고 육조백관의 기원을 말하는 '치국잡기'에 속한 사설내용이 김동운의 '호국역살풀이' 안에 그대로 들어 있다는 것은 매우 흥미롭다.

■호구역살풀이

그거는 그러한데
제보자남서 나오시는 호구별상[25] 마마님이 쉰세분이 나오실 제
조선이 적단 말을 바람풍편에 넙짓 듣고
쉰분은 호양[26]하고 단 세분이 나오실제
어떤 손님 나오시나 말 잘 하는 호견[27]손님
글 잘쓰는 문장손님 활잘쏘는 활량손님
압록제보자를 다다르니 무슨 배를 잡아탈가
무쇠배를타자하니 무쇠베는 지남철이 겁이나

---

24) 최상일이라는 국악방송인의 우리소리연구회 사이트에서 찾은 자료이다. 1994 년에 채록한 것으로 되어 있다.
25) 호구별성.집집이 찾아다니며 천연두를 앓게 한다는 신.
26) 되돌아간다는 뜻.
27) 호변손님.

흙토선을 모아타니 동남풍에 풀어지고

나무배를 잡아타니 나무배는 썩어지고

하도낙선 썩 내려가서 연잎댓잎 쭈루루 훑어

연잎은 섶²⁸⁾을(바닥에 삼고) 댓잎을 섶을 삼아

압록강에 띄워놓고 마마²⁹⁾님이 노를 저어

이 가중에 들어와서 (이하 생략)

이 김동운의 고사소리 전문은 앞의 부론풍물굿에서 소개한 바있다. 부론풍물굿 입장에서는 바로 위에 있는 횡성군의 소리와 전반적으로 비슷해서 같은 권역의 소리로서 토리가 같지 않을까라고 생각한 정도였는데, 춘천 뒤뚜루농악에서도 횡성과 교집합이 있다라는 소식을 듣고는 춘천, 원주 사이에 있는 횡성과 홍천, 그리고 그 위인 화천과 철원(강원도 서쪽의 행전군들)을 조사하면 아직도 잘 잡히지 않는 강원도 영서권역의 문화적, 풍물굿적 특징을 뽑아 낼 수도 있지 않은가까지 생각이 미치게 되었다. 다음 기회에 할 중요한 조사, 연구의 계기가 될 것이다.

---

28)   배의 옆구리.
29)   씻김굿이나 동해안별신에서 하는 마마란 손님을 말한다.

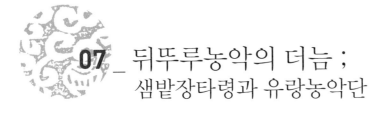

07 _ 뒤뚜루농악의 더늠 ;
샘밭장타령과 유랑농악단

　　한춘녀상쇠가 드디어 처음으로 더늠을 시도한 것이 [샘밭장타령과 유랑농악단]이라는 농악의 한 꺼리이다. 샘밭장은 춘천시 신북읍 율문리에 있는 장터이다. 조선시대부터 전국적으로 유명했던 5일장인데, 춘천에서 양구, 화천으로 가는 뗏목수로가 발달하여 장이 컸다고 한다. 당연히 장타령도 있었고 그것이 전해져 내려오는 것이 샘밭장타령이다. 여기에다 1923년 [개벽]지에 게제되기도 했던 처녀장사타령, 그리고 춘천지역의 애벌김매기노래(방아타령)를 가지고, 뒤뚜루농악의 신재봉길군악놀이와 엮어서 만든 것이 풍물연희극인 샘밭장타령과 유랑농악단이다. 차근차근 준비하여 공연까지 두어번 치루었다. 한춘녀상쇠의 풍물굿 화두인 '춘천적'인 민요 세 개를 적절히 활용하여 만들었다.

　　처음에 우연히 이 공연을 접한 필자는 신선한 느낌을 받았다. 악기 치배들이 중심이 되어 연행하는 앞굿격인 판굿의 공연이 잠시 중단(?)되더니 치배들이 느닷없이 악기를 벗어던지고 뮤지컬 한 대목을 하는 것이었다. 잡색들이 주로 이야기를 짜나가고 악기 치배들이 몇 가지 역할을 하는 방식이었다. 그동안 풍물굿에서의 연희적 요소는 도둑잽이굿 정도에서 보아온 정도인데, 풍물굿판에서 창작연희를 한 굿거리로 넣은 것이 신선했다. 전문풍물굿패가 풍물굿의 연희극적 요소를 중심으로 창작연희를 무대에서 공연한 것은 여럿 있었는데, 풍물굿판 현장에서 풍물굿거리의 하나로 '샘밭장타령'이라는 연희극이 창작되어 공연되어지는 것은 처음 보았다. 첫 시도라 여러 가지 소소한 점도 있었지만 풍물굿거리의 하나로 위상지어져서 발전한다면 풍물굿의 한 내용—형식이 될 것이다라고 여겨진다. 노래와 춤, 등퇴장, 역할들이 나름 잘 어울렸고 아직 옛 설화적 줄거리이지만 재미도 있었다.

여러 가지 더늠 시도가 시행착오를 거치면서, 당대 시민들의 감수성과 가치관을 진작시키면서 조금씩 더늠되어 진화되는 시간이 필요하겠지만 이러한 시도는 풍물굿판의 당대화에 하나의 활력을 불러일으킬만한 일이 된다고 여겨진다.

이 공연의 기획과정을 한춘녀상쇠께 직접 들어보았는데, 역시나 첫 말이 '춘천적'이다. 이 화두를 들고 당대 마을농악을 노심초사하고 있다가 춘천 지역의 노래가 들어왔다고 한다. 그래서 우선 이것들로 춘천적인 것을 뭔가 만들어서 일단 알려야겠다고 생각되어져서 뒤뚜루농악 안에 들여놓았다고 한다. 지금 뒤뚜루농악의 원류는 농군악놀이인데, 이 어법과 설득기제만으로는 신명을 내는데 늘 부족했다고 여겨지던 차에 이것으로 치배들 스스로 한 번 제대로 놀아보는 것부터 하면 되겠다는 확신이 들어서 과감하게 시놉시스를 썼다고 한다. 마침 이것을 탈춤 추던 지인 노동우씨가 각색을 해주셨고, 역시 탈춤과 마당극을 하는 정수석씨가 연출을 해주어서 이 창작물이 만들어졌다고 한다.

뒤뚜루농악을 하는 회원들이 연배가 좀 있어서인지 그간 농군악을 빠르게 얼러대지 못했는데, 이것을 계기로 치배들 스스로 잘 할 수 있는 역할이 첨가되어서인지 나름 다들 활기차게 신명을 내기 시작하였다고 한다. 치배들이 스스로 자기의 역할을 다해 각자의 신명과 즉흥 현장 더늠으로 농악판을 스스로 흐르게 해야 한다는 뒤뚜루농악의 오랜 숙제가 많이 해결되어졌다고 한다. 그야말로 현장적 집단지성이 벌어진 것이다.

그래서 그런지 뒤뚜루 농악도 전체적으로 좀 빨라지기도 했다한다. 일단 이 창작 더늠을 치배들이 좋아하고, 관중들도 좋아하니 이제는 악기 중심의 앞굿도 신명이 제고되는 피드백이 일어난다고 한다. 이 힘을 잘 챙겨서 앞굿도 신명을 잘 내도록 강화시키려한다고 한다. 뒤뚜루농악은 이를 계기로 옛것 자체만을 습윤하고 연행하는 것은 이제 좀 넘어섰다고 한다. 자신이 중요하게 여기는 지금의 치배들이 자기 역할만 잘 해준다면 뒤뚜루농악은 계속 발전할 것이라고 한다.

샘밭장타령 공연

샘밭장타령 공연

샘밭장타령 공연

샘밭장타령과 유랑농악단 대본

〈 앞풀이 〉

공연이 시작되면 유랑농악단이 행사장 바깥에서 길놀이 풍물을
시작하고 공연장입구에서 멈춘다.

〈 1마당 〉

(변사 등장하여, 샘밭장 유래, 유랑농악단 소개)

변사 : 아~ 여기는 어디더란 말이냐? 수많은 사람들이 북적북적
대는, 여기는 도대체 어디란 말이더냐? 아~, 이곳은 바로 강원도
하고도, 춘천, 춘천하고도 샘밭장.

(풍물장)~! 저 멀리 인제 양구 화천에서부터, 소양강물따라 바람
따라 흘러흘러 홍천 횡성, 경기도 가평 양평까지, 장꾼들이 두루두
루 몰려드는, 바로 춘천 샘밭장(풍물장)이 아니더냐.. 소양강 맑은 물
로 재배되는 소양강 토마토 오이 호박, 그리고 할머니들이 산에서
직접 채취한 산나물 산약초가, 그 어디보다 저렴하게 판매되는 춘
천 샘밭장.. 주름진 장꾼들의 인심과 웃음이 넉넉한 이곳, 춘천 샘
밭장(풍물장)~!

(유랑농악단 우렁찬 난타)

아~, 그렇다면 때는 어느 때더란 말이냐? 때는 바야흐로 우리

할아버지의 할아버지때부터 이어져내려오던 1930년대, 일제의 잔악한 식민통치하에서도, 우리의 전통문화를 지켜오던 사람들이 있었으니, 그 이름하야 유랑농악단~!자아 개봉박두!, 기대하시라~! 여러분들의 힘찬 박수와 함께 유랑농악단을 모시겠습니다....

- 농악단 무대 등장하여 풍물을 논다.
- 끝내고 들어와서는 〈강원도장타령〉악사들은 재빨리 무대 한켠에 자리잡는다.

　(공연장 형편에 따라 변경)

〈 2 마당 〉

(변사가 강원도 장타령을 소개한다)

변사 : 네에~, 감사합니다. 강원도 춘천의 소양강물처럼 넉넉하고 푸짐한 유랑농악단의 신명난 풍물판, 다시한번 여러분들의 뜨거운 박수 부탁드립니다.

　(농악단 난타)

자아~, 그러면 우리가 풍물만 뚱땅거리느냐? 아니올시다. 그옛날꼰날부터 장돌뱅이들이 이 장 저 장을 떠돌아 다니면서 보따리 장사를 할 때, 호객행위로 불렀던, 강원도 각 동네마다의 특성이 고스란히 녹아있는 해학넘치는 열린 노래,

　(음향 1 - 장터에서 웅성거리는 소리)

　(밖에서 웅성웅성 장돌뱅이가 들어온다)

변사멘트 : 앗, 저기 오는 이들이 누구인가?

장돌뱅이 1 : 자 맛난 엿 사시오~~

장돌뱅이 2 : 질신 사시오!

장돌뱅이 1 : (관객과 맷거리를 하다가 어느 지점에 장돌뱅이 2를 만나서
　　　　　반가움에)이게 누구야? 많이 팔았어?

장돌뱅이 2 : 그럼 많이 팔았지~~~여기가 어딘가?

장돌뱅이 1 : 그거야 당연히

장돌뱅이 1,2 : 춘천 샘밭장(풍물장)이지~~~

장돌뱅이 2 : 이렇게 만났으니 강원도 장타령이나 부르고 가세~
　　　　　　　　　～

어여들 들어오시게들~~

장돌뱅이들 : 그러세~~

(꽹가리 신호 당-당-당-딱)

(장꾼들 틈에 섞여있던 장돌뱅이들이 무대 가운데로 들어서며 '샘밭 장타령'

부른다. - 반주는 농악대가 한다.)

얼씨구 들온다 절씨구 들온다 무슨 타령 들어가나 장타령으로

들어간다 : 전체

춘천이라 샘밭장 신발이 젖어 못보고 : 장돌뱅이 1,2,3,4

홍천이라 구만리장 길이 멀어 못보고 : 장돌뱅이 1,2,3,4

이귀저귀 양구장 당귀 많어 못보고　 : 장돌뱅이 1,2,3,4

한자두자 삼척장 배가 많어 못보고　 : 장돌뱅이 1,2,3,4

(장돌뱅이 5,6,7,8 춤)

얼씨구 들온다 절씨구 들온다 무슨 타령 들어가나 장타령으로
들어간다 : 전체

명주바꿔 원주장 값이 비싸 못보고 : 장돌뱅이 1,2,3,4

감이많은 강릉장 값이 싸서 못보고 : 장돌뱅이 1,2,3,4

엉성덩성 고성장 사람 없어 못보고 : 장돌뱅이 1,2,3,4

횡설수설 횡성장 말썽 많아 못보고 : 장돌뱅이 1,2,3,4

(장돌뱅이 9,10,11,12 춤)

얼씨구 들온다 절씨구 들온다 무슨 타령 들어가나 제격타령 들
어간다 : 전체

신식도로 신작로	: 장돌뱅이 1,2	자동차가 제격이요	
송백수양 푸른가지	: 장돌뱅이 1,2	꾀꼬리 한쌍이 제격이요	
봉지나 봉지나 꽃봉지	: 장돌뱅이 1,2	범나비 한쌍이 제격이요	
처녀한쌍이 늙는데	: 장돌뱅이 1,2	총각한쌍이 제격이요	
과부한쌍 늙는데	: 장돌뱅이 1,2	홀애비 한쌍이 제격이요	
처녀머리 홍커진덴	: 장돌뱅이 1,2	금봉채가 제격이요 : 장 돌뱅이 3,4	
기생한쌍 늙는데	: 장돌뱅이 1,2		

오입쟁이 한 쌍이 제격이로다 얼쑤~ : 전체

(전체 춤)

무슨타령 들어가나 장타령으로 들어간다

갓을 쓰고 배웠는지 점잖게 잘하고

기름동이나 발랐는지 미끈미끈 잘하고

냉수동이나 먹었는지 시원시원 잘하고

뜨물동이나 먹었는지 껄찍껄찍 잘하고

구두신고나 배웠는지 뚜걱뚜걱 잘하고

시전시전을 배웠는지 대문대문 잘한다

대문대문 잘한다 대문대문 잘한다

(장타령이 끝나면서 장돌뱅이들이 어깨동무하며 춤을 추며 휘돌아간다 ; 달아치기)

〈 3 마당 〉

(변사가 처녀장사타령을 소개한다)

변사 : 네에, 장돌뱅이들의 강원도 장타령과 풍물이 어우러진 한 판 신나는 무대였습니다.

자아, 그러면 이번엔 또 어떤 무대가 이어지려는지, 이 사나이 가슴이 이리도 콩닥콩닥, 뚜우근 뚜우근 뛰는 것이냐? 그옛날 조선 시대 보릿고개 시절부터, 아버지 어머니 형제 자매, 온가족이 새벽부터 밭을 갈고 품을 팔고 온종일 일을 해도, 입에 풀칠하기 어려웠던 그 시절, 굶주림에 지친 가족을 위해 나선 사람이 있었으니, 큰누이요 큰언니인 그 집의 장녀, 이름하야 처녀 장사꾼~!

어떤 처녀는 산채를 팔고, 어떤 처녀는 머루를 팔고, 옹기를 팔

고, 명주, 막걸리를 팔고…. 자아, 그시절 우리의 누이들을 무대로
모시겠습니다. 여러분의 격려의 박~수...

('장사타령'을 부르며 각 동네 처녀들이 팔 것을 들고 이고 한명씩 들어선다)

(매기는 소리-처녀들/ 받는 소리-농악대와 장돌뱅이)

후렴 : 건드렁 건드렁 건드렁거리고 놀아보자

1. 무름댐이 처녀는 문배 장사로 나간다지
2. 우두의 처녀는 참배 장사로 나간다지
3. 동내구동 처녀는 산채 장사로 나간다지
4. 명월리 처녀는 머루 장사로 나간다지
5. 방동의 처녀는 옹기 장사로 나간다지
6. 서하서상 처녀는 명주 장사로 나간다지
7. 샘밭장 처녀는 막걸리 장사로 나간다지

- 노래가 끝나며 풍물로 한판 논다

〈 4 마당 〉

- 정수석 샘 문둥이춤 (김지희 샘 장구 장단 외)
- 농악단 난타 (막 전환용)

〈5마당〉

(변사기 김매기노래 및 대동놀이를 소개한다)

변사: 자아~, 오늘 공연의 마지막 하이라이드, 유랑농악단과 장꾼들, 처녀장사꾼, 그리고 관객 여러분이 함께 만들어가는 무대, 김매기소리가 이어지겠습니다.

모심은 논의 김매기 할 때 불렀던 노래, 방아타령으로 모두가 하나로 어우러지는 무대, 자아~ 시작합니다.

춘천 방아타령

후렴)

에		헤		여	라	방		아	요	

선소리)

여		보	시		오	농		부	님		네
이		내	소	리	를	들		어	주		게
천하	지		대		본	농		사	라		고
농		사	한		철	지		어	보		세
농		사	철		에	하	루	를	쉬		면
겨		울	한		철	굶		는	다		네
여		보	시		오	농		부	님		네
구		석	구		석	잘		메	주		게
긴		소	리		는	그		만	허		고
자		진	소	리	로	넘		어	가		세

-'방아타령'반주음악이 들리면

장돌뱅이, 처녀장사꾼들이 관객의 손을 잡고

무대로 나와 강강술래 대형을 만들며 논다 (문지기, 손치기발치기.
인간줄다리기 등).

느린 방아타령에서 자진방아타령으로 넘어가고 점점 빨라지다가
끝맺음과 동시에

〈뒤풀이(풍물한마당)〉

- 농악대가 대동놀이 무리 한가운데로 뛰어들어간다.
- 함께 난장판으로 논다.
- 쑤시개로 놀다가 자진쑤시개로 신명 이어 〈아랫마을윗마을〉가
  락으로 들어간다.
- 신명을 최고조로 달군 뒤 관객을 향해 절하며 끝맺는다.

(변사가 공연의 종료를 알리며 함께한 관객에 대한 감사 인사를 한다)

변사 : 이것으로 샘밭 장타령과 유랑농악단 공연을 마치겠습니다.

오늘도 부디 행복한 하루 되시고 한 번 뿐인 우리 인생,

즐겁고 신나는 일 많으시길 바라면서 여기 춘천의 샘밭장 잊지
마시고 춘천뒤뚜루 유랑농악단도 오래 오래 기억해 주시면 고맙겠
습니다.

맺는 말

    풍물굿이 당대의 감수성과 가치로움과 공유하면서 살아남을 수 있는 키워드는 '더늠'이다. 풍물굿이 전승되어온 훌륭한 유산을 그대로 박제화시켜 연행하거나, 오히려 살려야 할 싹들을 추려버리고 대회용 농악으로 편집하여 연행해서는 살아남을 수 없다. 게다가 전국적인 현상인 볼거리와 기예 중심으로 재편되는 정세는 지역 풍물굿을 더욱 쇠락시킬 것이다.

    더늠의 요체는 당대 대중의 감수성과 미래 가치이다. 팍팍한 생활 속에서도 대중은 늘 더 나은 삶을 꿈꾸기 때문이다. 이것을 어떡해서든지 포착해서 어울려야 한다. 대중들과 상호소통하며 같이 커 나가야 한다. 아직도 옛 것은 좋은 것이여 하면서 자족만 하는 주장들은 이미 공허해진지 오래다. 지금 대중들의 감수성에는 그런 단순한 패러다임을 갖고 하는 설득은 통하지 않는다. 사람들의 근본적 욕구와 희망의식을 데울 수 있는 노래와 춤을 불러야 당대 풍물굿이 된다. 이러한 더늠을 하지 않으면 풍물굿은 더욱 쇠락해질

것이다. 조금씩 더 넣어야 된다. 더늠해야 한다.

우리가 지역 풍물굿을 기억하고 그리워하는 이유는 마을굿 정신
이 있었기 때문이다. 따뜻한 공동체가 실제 형성되었기 때문이다.
그것을 위한 절차로 풍물굿을 어르면서 대동 신명을 느꼈었기 때문
이다. 따뜻하게 살아본 기억이 내 몸과 마음에 있는 것이다. 급격하
게 현대화되는 사회에서도 공동체는 새로운 차원으로 열리고 소멸
하고 이동한다. 이러한 현대적 공동체성에 걸맞은 풍물굿으로 진화
하기 위해서라도 지역 풍물굿은 다시 조망되고 재생되어야 한다.

영서지역 풍물굿이 당대성을 얻으며 살아나가는 몇 가지 가능성
과 단초를 찾고, 이 책을 쓰게 된 것은 큰 행운이다. 강원문화재단
에 감사드린다.

추신〉 이남곡 선생이 페이스북에 신년 덕담을 해주셨다. 늘 우리

는 이런 덕담을 바라고 또 하고 있지 않는가? 잘 친 풍물굿 한거리 같은 덕담을 들어보시라.

요즘 뉴스를 보노라면 온통 거짓과 사욕과 무책임과 후안무치로 가득해 보이지만, 그 거품을 걷어내면 건강한 시민이 있다는 것을 믿는다.

새 해를 맞아 원효의 호연지기를 덕담으로 선물한다.

"종교와 과학, 주체적 자각과 사회적 실천, 마음과 현상이 서로 어울려, 펼침과 합함이 자재하고(開合自在) 주장하고 반대함에 걸림이 없는(立破無碍) 세계를 향해 나아간다. 산개하면 개인이고, 보합하면 공동체다. 개인의 자유가 마음껏 발휘되어도 무질서와 혼란으로 번잡하지 않고(開以不繁), 함께 사는 공동체라도 서로 침범하고 간섭하는 좁은 세상이 되지 않는다(合以不狹). 개개인의 생각을 충분히 존중하면서

실제 행동은 모두의 뜻을 모아서 하고, '내 생각이 틀림없다'는 꼬리표
가 붙지 않아서, 주장하여도 걸림이 없고(立以無碍), 반대하여도 잃음
이 없는(破以無失) 대자유의 삶을 즐긴다."

정유년 새해는 이런 밝은 기풍이 마음의 세계와 현실의 세계에
서 점차 넓어지기를 간절히 바란다.

강원도의
상쇠들—❷
영서지역 풍물굿

부록

농악·풍물굿 관련 용어 선택의 방향

농악·풍물굿 관련 용어 선택의 방향

이 책에서 때로는 농악이라는 용어를, 때로는 풍물굿이라는 용어를 사용하고 있다. 쓰는 사람은 가려서 표현하고 있지만 읽는 입장에서는 당연히 혼동이 올 수 있다고 여겨진다.

농악·풍물굿에 관한 용어는 각 지역별 현장에서 사용하는 속칭들이 여럿 있어왔는데, 민속 양식으로 재현되고 있는 농악 용어가 보편적인 것처럼 쓰이다가, 1980년대에 사회 전 부문에 걸쳐 새로운 관점으로 재생되면서 얻은 풍물(굿)이라는 용어가 대두되면서 이후 지금은 농악과 풍물(굿)으로 크게 분류되어 사용되고 있다.

필자는, 풍물굿이 이루어지는 현장에서 자생적으로 만들어져 호칭되어 왔던 여러 가지 속칭들이 계속 불리워지길 바라고 있다. 아직도 호칭되는 여러 속칭들은, 그 속성상 연행하고 향유하는 것이 현장에서 인터렉티브되며, 거의 공동창작—소통의 방식으로 진화하여 왔고, 또 각 지역의 문화적 특성을 잘 소화하며 독특한 개성을 가진 지역적 양식으로 그 다양화가 이루어져 왔기 때문이다. 그래서 풍물굿이 갖고 있는 종합적인 문화예술의 특성상 더 다변적이고 풍성한 진화의 길을 밟을 수 있다고 여기기 때문이다.

　필자는 구분해서 두 용어를 사용하고 있다. 농악은 전통문화유산을 보존하려는 입장을 가진 사람들이 주로 사용하고 있다. 역사성을 갖는 유산을 잘 '보존'하고 그 자체의 가치를 잘 퍼뜨릴 수가 있다라는 긍정성이 있다. 반면 늘 박제화의 위험을 가지고 있어서 변화의 몸이 무거울 수 밖에 없다. 결정적으로 경연적 민속대회용, 농악대회용으로 협소화되면서 굿성과 절차들을 스스로 축소시키면서 볼거리 기예 위주로 변이되고 있다. 풍물굿 용어는 늘 당대 사람들의 삶의 현장에 있으려 하고 다양한 성격의 굿판을 만들어 시대에 걸맞게 변화, 진화시키려 하는 사람들이 주로 사용하고 있다. 여러가지 현대적 실험도 부지런한 편이다. 그러나 80년대에 폭발적으로 재생되었음에도 불구하고 질 높게 발전되는 것보다는 '문선대' 역할로 축소되어 대중들의 호응이 식어버린 뼈아픈 과거의 흔적과 그 후유증을 아직도 가지고 있다.

　농악 용어의 입장에서는 꾸준히 통칭화를 시도했고, 풍물굿 용어의 입장에서는 양식적 특징과 당대성을 주장하면서 농악이라는 용어의 불충분을 늘 지적해왔다. 그런데 2014년 세계문화유산에 등재되면서 농악이라는 용어가 통칭으로 굳어지는 모양새이다. 그렇다면 오히려, 그간 농악·풍물굿이 대립항이 되어 통칭의 문제를 다

튼다는, 용어 권력의 문제로 보았던 오해를 벗겨내는 기회가 될 수도 있다. 서로가 잘 할 수 있는 것들, 각자의 진정성을 가지고 장점들을 키우는 것이 실제 중요한 일이기 때문이다. 농악·풍물굿은 대립항이 되어 통칭을 다투는 문제가 사실 아니었다.[1] 풍물굿 입장에서는 농악이라는 용어가 민중들의 삶 속에 깊이 녹아나 문화를 형성하면서 스스로 불렀던 살아있는 문화용어가 아니라는 점, 또 일제 강점기 때 의도적으로 고착화되었다라는 점에 대해 문제제기를 하면서 풍물굿 존재 이유를 강력히 주장하는 입장을 뚜렷이 가지려 하였다. 즉 주요 태도와 활동이었지 통칭의 문제를 문화권력 차원에서 다투지는 않았다.

필자는 풍물굿 용어를 주로 쓴다. 지금 살고 있는 대중들의 절절한 감수성과 미래 가치 지향 속에서 이루어져야만 하는 것이 풍물굿의 존재 양식이라고 여기기 때문이다. 그러한 양식적 긴장감을 놓치지 않는다면 어떤 호칭도 상관없다고 여긴다. 그래서 농악, 풍

---

1) 우리나라에서 풍물굿을 연구하는 학회가 유일하게 하나 있는데, [한국풍물굿학회]이다. 김익두, 조헌선, 조영배 교수 등이 만들고 학술 행사 등을 통해 몇 편의 단행본까지 발간했다. 그러더니 얼마 전에는 전북대학교에 [농악·풍물굿연구소(소장 김익두)]가 생겼다. 농악과 풍물굿을 같이 묶어 통칭으로 사용하고 있는 것이다. 우리 시대의 통칭화를 위한 고육지책이 엿보이지만, 두 용어가 현장 속칭이 되어 각자가 잘 할 수 있는 것을 진작시키고 싶은 학술적 애정도 드러난다.

물굿을 둘 다 속칭으로 여기고 있고, 각자가 당대성이라는 화두를 놓지 않고 잘 숙성되기를 바라고 있다. 이 책에서는 이런 구분의 관점으로 필자는 두 용어를 혼용해서 쓴다.

그런데 농악으로 통칭이 굳어지면서 생길 수 있는 위험에 대한 문제제기가 근래에 있었는데 여러 속칭들이, 특히 농악 용어가 다시 긴장을 가질 수 있는 좋은 계기가 되리라 여겨진다.

2016년 봄, 강원문화재단의 학술연구진흥지원사업의 심의 현장에서 최창주교수께서는 일반적인 심의 말씀보다는 왜? 라는 테제로 컨설팅 차원에서 좋은 말씀을 해주셨다. 그 후 얼마 있다가 강원문화재단의 고성은 문예사업팀장께서 최창주교수께서 필자들에게 전해주라는 자료를 메일로 보내주셨다.

"지난 심의를 진행하셨던 최창주교수님께서 두 분께 이 자료를 꼭 보내드리고,

앞으로 연구활동 하시는데 참고하시라 하셨습니다.

이런 경우는 없었습니다. 교수님께서 두 분께 열정과 애정이 많으신 것 같습니다.

연말에 좋은 연구물 기대하겠습니다."

학술연구진흥 지정과제(강원도의 지역별 대표농악과 상쇠)에 지원한

강릉농악보존회와 필자에게 보내주신 자료가 정형호교수(전북대 무형문화연구소)의 논문인 [농악관련용어의 역사적 기능과 용어 선택의 방향]이었다.

　　강원도의 농악과 상쇠를 연구하라는 학술연구진흥 사업의 컨설팅을 위해 최창주 교수께서는 왜 이 논문을 필자에게 참고하라고 하셨을까? 하며 읽어보니 이 논문은, 그간 농악을 통칭으로 해야 한다는 여러 가지 민속학적 주장들을, 그리고 풍물, 풍물굿이라는 용어를 사용하고 있는 현장 소통적 주장들을, 자기 점검을 해보게 하려는 폭넓은 연구논문이라 여겨졌다.

　　후술하겠지만 정형호교수는 [농악관련용어의 역사적 기능과 용어선택의 방향][2](이하 [방향])에서, "용어의 역사적 기능, 현실적 의미, 사회문화사적 관계 등을 두루 고려해야 하는 매우 민감한 문제이다."라며 논지를 펼쳤다. 그러나 결국 농악·풍물굿의 통칭 문제에 대한 이해를 돕기 위해 용어의 역사적 과정을 해석한 것으로 보인다.

　　이러한 문제에 대해 최창주교수께서 얼마 전에 직접 페이스북에 글을 올렸는데 제목이 '농악이라는 명칭을 재고(再考)하는 관점으로 심화시킨 글'이었다. [방향]의 본문을 요약한 것을 근거로 자신의 견해를 피력하고 있다.

---

2)　　최창주교수께서 이 논문을 주신 파일은 pdf 스캔본이었다. 공식적인 출처가 명기되어있지 않았다.

농악과 풍물에 대해서는 학자들마다 다르게 주장하고 있다. 필자는 뮤지컬 기획, 제작자로 직장에서 밥을 먹었는데, 탈춤(조선연극사)을 했다고 해서, 또한 교수라고 해서 전통문화를 아는 것처럼 인식이 되었다. 그래서 위의 제목처럼 학생들과 김ㅇ지 일본 도쿄에서의 지인들까지 필자에게 카톡 및 전화로 혼용되어 헷갈린다고 해서 질문을 해오니 공부차원에서 인도, 안내하며 논문과 문헌을 인용, 간단하게 답변을 해봅니다.

위의 제목은 학자들의 논문들마다 다양하지만 정형호교수의 논문을 요약해서 정리, 다음과 같이 소개해 본다면,

농악관련 용어는 문헌상 다양한데, 처음 나타난 시기를 보면, 금고는 12c초, 쟁고는 13c초, 사고는 15c말, 매귀(구), 풍물, 화반은 단계적으로 16c초, 군고는 16c말, 농악은 18c초중반, 걸공은 18c말로 나온다. 풍악은 19c후반 풍물음악이란 의미로 사용되어 여기서 제외했다.

"동편에 노래하고 서편에 춤을 추니 전면에 풍악이오. 후면에 배반이라 광중제금이오, 요령 소고, 북장고와, 생황, 퉁소, 호적소리 이리듣고 저리보니" ―([기완별록] 고종2년 1885)

이 가사는 1865년 5월 상순에 벽동병객(일없는 늙은이) 작으로 원로 대신일 가능성이 크다.

20세기 중후반까지 조사된 것에 의하면, 경기지역은 두레(잽이)친다. 두레논다(한다).

징갱구리친다. 충청지역은 풍장친다. 풀물(풍물)친다. 두레한다. 전라지역은 걸궁친다. 금고(군고)친다. 풍장친다. 굿친다. 경상지역은 매구친다. 강원도와 경상도 일부지역은 농락친다는 말이 사용되었다.

이를 통해 현재 농악이란 용어의 타당성에 대한 논란이 지속되고 있는 가운데, 대체용어로서 풍물, 풍물굿이 과연 어느 정도 타당성이 있는지, 또한 다른 용어가 오히려 더 역사적 의미를 두는 것인지 등 연구할 필요성이 있다.

1) 농악 관련 용어의 역사적 사용과 기능의 변화.

2) 군고의 군악적 성격과 후대 전승 양상.

3) 풍물의 다양한 의미와 20세기 대두 된 이유. ─ 등.

예로, 동아일보 (1939.7.8) 〈향토무악인 농악 강릉(풍물)의 인상기하 (이여성: 사회주의자, 강능농악 명칭을 사용했으나 기사 내용은 풍물용어를 사용했다. 1927.3.24. 여러 사람이 탈을 쓰고 풍물을 들고 먹을 만한 집 차자 다니며 지신밟기 풍물)〉

신문기사를 보면 "풍물소리를 내어야 풍년이든다" "풍물은 정치적 규범이 없고." "조선의 풍물은 무당." "직업적으로 치고 다니는 것이 었고" "어느 농촌이나 없는 곳이 없다" "풍물대회" 등.

1970~80년대 민중문화운동 집단의 농악내용으로서 풍물과 풍물굿, S대학에서는 1970년 풍물, 지신밟기와 판굿, 마당극으로 기록하고 있다. 〈두레40년사. 서울대 풍물패 두레. 2011.3쪽 참고〉.

4) 매귀(구)의 축귀적 의미와 후대 전승 양상.

5) 사고(세시의식, 고악 및 타악)의 역사적 의미와 사용자의 인식.

6) 쟁고의 기능과 악기 지칭 관련성.

7) 걸공(궁)의 의미와 사찰과의 관련.

8) 화반의 의미와 지역성.

농악은 17세기 초 안유신의 『남파유고』에 처음 나오고 18세기 초 중반 권섭의 『옥소고』에 농민의 음악이란 의미로 쓰였지만 『촌악』과 구분되었다. 1916년 일본의 관리 도요다가 조선총독부 기관지 「조선휘보」에 〈농악〉을 기고하면서 공식용어가 되었다.

1934년 [농촌오락]에서 농악을 집단 간 싸움, 노동생산성 약화 등의 구실을 앞세워 부정적 시각에서 지침을 내리고 일제는 "농촌오락진흥"이란 표면적 구실과 달리 이면적으로 농악, 집단놀이를 억압했고 현지 용어를 사용하지 않고 농악이란 용어를 채택한 주된 이유로 볼 수 있다. 특히 무라야마 지준이 조사한 [조선의 향토오락]은 농악을 독립 항목으로 설정해 165회에 걸쳐 기록하면서 설명과 답변을 무시하고 농악으로 획일화를 시도했다.

한편 일제강점기에 이ㅇ화, 이ㅇ곤. 송ㅇ하, 이ㅇ영, 이ㅇ성 등의 민족주의적 지식인들은 일제의 정책적 방향, 그리고 1920년대에 일어난 브나로드운동(농촌 속으로 계몽운동)에 힘입어 각종 신문, 잡지에 농악을 그대로 사용하여, 농악의 일반화에 일조했다. 이것이 해방이

후에 그대로 수용되어 전국민속경연대회(현 : 국민속예술축제) 농악종목 분류와 국가무형문화재 농악 지정을 통해 용어는 공식화 된다.

위의 내용은, 정형호.「농악관련 용어의 역사적 기능과 용어 선택의 방향」의 큰 제목 요지만 나열 하였으니 논문을 찾아 구체적으로 공부하시기 바랍니다.

탈춤도 가면극이냐?(산대, 야류, 오광대, 놀음) 탈놀이냐? 탈춤이냐? 지역별로 다르듯이 풍물도 8가지 명칭이 있다.

다행히 유네스코에 농악이 등재되었고, 한예종 연희과에서는 최초 전통문화를 필수과목으로 선정되어 "풍물" 이란 명칭으로 전공필수과목으로 학습받고 있다.

기원설과 풍물을 부락제, 연물(풍장, 농악) 등이 1936년 조선총독부에서 농악이라는 명칭이 공식적으로 등장하면서 "능악"의 발음인 "노가꾸"를 본떠서 만들어진 표현이라는 견해도 있다. 일제는 민족문화 말살정책의 일환으로 풍물이라는 명칭을 농악으로 원각사, 협률사 등에서 행사할 때 허가받아 대체하도록 강제했던 것으로 보인다. 기타 진법, 불교의 사물, 농악의 사물, 풍물의 유래, 삼도(경기 호남 경상)풍물 지역별의 짜임새, "같고도 다른, 그리고 다르면서도 같은" 3도 풍물로 재구성된 학과 발표한 것을 글로 소개하였다. 아래 책을 참고하기 바람.

— 최창주. 탈춤클리닉. 2015. 도서출판. 월인. 219쪽. 삼도풍물 부분. 참고.

　　— 농악공연 사진 자료]

　　한국, 1930년대의 눈동자. (역주 고운기) 무라야마가 본 조선민속. 158-159쪽. 참고

　　[방향]이 함유하고 있는 의미를 비슷한 범주의 문제의식으로 쓴 정형호교수의 이전 논문이 또 있는데,「농악 용어의 역사적 사용과 20세기 고착화 과정에 대한 고찰」(이하 [고찰])[3]이다. [방향]은 농악·풍물굿 관련 용어선택을 하기 위한, 그야말로 방향 설정을 위해 여러 가지 용어를 점검하고 문제제기를 하고 있으나, [고찰]은 오로지 '농악'이라는 용어가 통칭으로 고착화되는 과정을 추적하고 있다.

　　선행논문인 [고찰]을 먼저 살펴보면, 크게 세 가지 문제의식을 가지고 '고찰'을 하고 있다. 농악 용어의 제고 필요성, 농악 용어의 역사적 사용과 20세기 고착화 과정, 농악 용어에 담긴 고유성과 타율성의 문제이다.

　　첫 번째로 농악은 우리 전통문화 중에서 가장 전승력이 강하고, 현대에 와서 다양하게 활용되는 분야임에도 불구하고 이 용어에 대

---

3)　　정형호, [한국민속학] 62집, 2015.11, 한국민속학회, 77-114쪽

한 논란의 초점인 농악이란 용어가 조선시대에 이미 사용되었는가, 아니면 일제 강점기에 일본에 의해 의도적으로 유포된 문제인가를 중점적으로 헤아려 보고 있다. 조선시대 어느 시기부터 이 용어가 사용되었고, 그것이 현존하는 농악과 유사한 의미로 사용되었는지, 그리고 1890년대 유학자들이 현존 농악과 유사한 의미로 사용하였는데 어떤 의도로 그랬는지, 실제 전승 지역의 용어인지, 일제 강점기에 농악이 어떻게 널리 유포되었는지, 나아가 각족 신문과 잡지 등을 통해 어떻게 일반화 과정을 밟았는지를 추적하고 있다. 이 규명을 위한 선결 조건으로 다양한 농악 관련 유사 용어를 검토하고 있다. 이 유사 용어 검토는 [방향]에 더 풍부하므로 후술하겠다.

나아가 [고찰]에서는, 조선 후기 유학 유생들의 용어 사용과 시각에 대해서는 기록을 점검한다. 농민의 음악이란 의미로 최초[4] 사용한 18세기 『옥소고(玉所稿)』를 쓴 권섭은. 제악(祭樂), 군악(軍樂), 선악(禪樂), 여악(女樂), 용악(傭樂), 무악(巫樂), 촌악(村樂), 농악(農樂) 등을 두루 열거하는데, '촌락은 혼란스럽고 농악을 즐거우며', '농악'은 '가락과 조리가 있고, 혼잡하지 않아서 본인이 가장 즐긴다고 표현한 것으로 보아 농민의 노동요에 가깝고', '촌락'이 현존하는 농악을 지칭한 것이 아닌가라고 한다.

---

4) 인용자는, 권섭 이전에 이미 농악이란 용어가 나오지만 '농사를 즐기다'는 의미로 사용되어 우리가 논의하는 농악과 전혀 다른 의미라고 정리한다.

김윤식(1835~1922)은 『속음청사(續陰晴史)』에서 7월 농악과 두레에 관한 글을 남기고 있는데,

7월 4일 입추시기에 아침부터 농민들이 치는 징, 북, 장구(鉦鼓杖鼓等) 등이 어지럽게 울리며, 1개의 용 깃발, 2개의 청룡 깃발이 바람에 펄럭이고 있다. 새로 생긴 마을에서 기 (旗)를 숙이면, 다른 마을에서 기로 답례하다가 서로 어울려 악기를 두드리며 마무리를 한다.' 현재의 기(旗)싸움을 묘사한 것이며, 농악은 현재의 농악에 근접한다.

라고 한다.

황현의 『매천야록』에도 '농민들이 여름철에 징과 꽹과리를 치면서 논을 매는데, 이것이 농악'이라는 기록이 있다. 최덕기의 『甲午記事』에는 "동학농민혁명 시기에 농민군이 농악을 쳤다(擊農樂)"는 기록이 나오고, 이정직의 시집 『연석산방미정시고(燕石山房未定詩藁)』에서는, 호미를 이용한 김매기두레에 대해 두레의 조직, 농악의 장단의 변화, 작업 방식, 음률의 구음 등을 상세히 묘사하고 있다. 이교문은 『일봉유고(日峯遺稿)』에 '農樂'이란 제목의 시를 수록했는데, "수십 명이 호미로 김매기 두레를 하면서, 감독 아래에 북을 치고, 농부가를 부르면서 작업을 한다"라고 묘사를 하고 있다.

이 유생들이 농악이라 표현한 것은 현장 용어라기보다는 주관적 시각에서 농민의 음악이라는 의미로 사용하고 있다고 한다.

김윤식은 한양 출신 학자로서 유배지인 충남 당진에서 기록한 것인데, 그 지역은 '풍장친다', '두레친다'은 용어를 사용하는 지역이라 현지인이 사용하는 용어라고 보기 어렵다는 점. 황현은 전남 순천 지역 출신으로 지금의 구례에 살면서 책을 지었는데, 구례 지역에서는 '걸궁친다', 그가 언급한 지역은 군산의 임피 지역으로 '풍장친다', '굿친다'라는 현장 전승용어가 이미 있기 때문에 유생의 입장에서 단지 농민의 음악이란 시각에서 포괄적으로 사용하고 있는 점. 이정직도 김제 지역의 농악을 노래하는데, 위 군산 임피와 같은 현장 용어가 있어서 농민들이 향유하는 음악의 의미로 사용하고 있다라는 점을 그 예로 든다.

[고찰]에서는, 그 후 일제 강점기에는 농악 용어가 확산되며 일반화 과정을 거친다고 한다. 일본 학자들과 총독부는 『조선휘보(朝鮮彙報)』『농촌의 오락 및 생활개선(農村の娛樂及生活改善)』, 『全國農村娛樂狀況』, 『조선의 향토오락』, 『부락제(部落祭)』등의 기관지, 책자, 자료집을 통해 농악이란 용어를 공식적으로 사용하고 있는데, 두레의 부작용을 드러내어 소규모 품앗이로 전환하라고 지시하고, 농악의 비생산성과 집단놀이의 부작용을 부각시켜 이를 억제하고 있으며, 겉으로 농촌오락 진흥을 내 세우면서 실제로 농악, 두레, 집단놀이 등을 교묘히 억압하고 있다라고 한다. 그리고, 당시 신문과 잡지 등의 기사에서도 많이 언급된다.

19세기 말 유학자들이 그 지역 고유 용어를 사용하지 않고, 농민의 음악이란 관점에서 농악을 사용했듯이, 일제강점기의 관련 기사도 같은 맥락으로 볼 수 있다. 특히 신문 기사는 현지인의 인터뷰를 통한 조사내용을 싣는 것보다 기자의 시각에서 새로 편집되어 게재하는 것이 대부분 이다. 그런 점에서 기자들은 현장 직접 취재 없이 농악이란 용어를 보편적으로 사용했음을 알 수 있다.

한국인 학자, 기자들도 농악 용어를 확산시키고 있는데, 이들은 주로 천도교 핵심 활동가, 지역 유학자, 귀농 언론인, 민족주의적 민속학자, 농민소설가, 언론인, 사회주의 독립운동가등 당신 민족주의 계열의 진보적 지식인 계층으로서 대체로 계몽적 농촌운동을 하거나 이데 동조한 인물들로서, 당시 진보적 지식인들과 각종 신문에서는 당시 농악이라는 용어를 큰 저항 없이 받아들였다고 한다. 그러나,

그들은 지역마다 고유한 농악 관련 용어가 있다는 것을 알지 못하거나, 별 관심을 두지 않았을 것이다. 비록 인지하고 있더라도 대표적인 적절한 용어가 제시되지 않은 상태에서 별 고민 없이 농악이란 용어를 사용했을 가능성이 있다. 그리고 일본의 농악 일반화 정책과 농촌오락진흥 정책에 편승했다고 볼 수 있다.

라고 해석한다.[5]

해방 이후 농악 용어는 확실히 고착화되는데, 해방 공간에서 전국적인 차원에서 경쟁적으로 농악경연대회가 열렸고, 결정적으로 1958년에 시작된 전국민속예술경연대회와 1962년 제정된 문화재보호법에서 농악이 핵심 분야별로 분류되면서 확연히 확산, 고착되어 나간다. 게다가 이 때부터 각 지방에서 원래 사용되던 명칭도 점차 사라지면서 전국적으로 농악 용어로 획일화되어 나간다.

---

[5] 이 당시 용어의 혼용에 대한 재미있는 일화가 있는데, [방향에 잠깐 언급된다. "일제 강점기 1939년에 이여성이 동아일보에 기고한 글인, [향토무악인 농악 강릉 '풍물'의 인상기는 강릉농악이 우리 시대에도 대물림되는 중요한 모티브를 설명하고 있는데, 당시 민족적 사회주의자였던 그가 고유명사로 강릉농악이라는 명칭을 사용했지만 기사 내용은 풍물로 설명하고 있다."라는 대목이다. 기사를 부분 소개하는데,
"풍물 소리를 내어야 풍년이 든다는 일단의 신앙관념이 아직도 일부에 처져 있는 것을 보아도 알 일이다. 이렇게 생각하면 풍물은 정치적 규범이 없고 농민이 만족이 되지 않는 이상 아마 앞으로라도 길게 그 전통이 퍼져 나갈 것 같다....조선의 풍물은 무당, 광대 등등이 직업적으로 치고 다니는 것이엇고 (지금은 드물지만), 또 어느 농촌에나 없는 곳이 없다. 따라서 강릉이라하야 특별이 풍물의 고장이라고 할 수 없지만 원래 정선과 아울러 꽤 일컬어 왔으며....이에서 나는 지난 그 날 그 곳 풍물대회를 찾아를 나선 것이다"
당시 용어의 혼용 현실을 실제 알 수 있을뿐더러, 농악 용어가 고착화 과정을 거치는 시기에, 용어상으로는 농악을 사용하고 있지만, 실제 현장에서는 풍물이라는 용어가 거의 통칭처럼 사용되고 있다는 점을 추측해낼 수 있다.

[고찰]이 다룬 마지막 항목은 농악용어의 고유성과 타율성의 문제인데, 일제시대의 의도적 유포설과 농악 용어의 현대적 수용여부를 다루고 있다. 유포설은,

　　　　일제가 농악이란 용어를 원래 의미를 축소하고, 종합예술적 성격과 현장성의 기능을 약화시키려는 의도로 사용되었다고 밝히는 것은 쉽지 않고, 단지, 농악이란 용어는 일제 강점기에 조선총독부와 일본 학자·공무원에 의해 주도적으로 유포된 것을 한국 민족주의적 성향의 지식인이나 신문, 잡지가 브나르도 운동에 편승해 별 저항 없이 수용하며 일반화되었다는 점은 확인할 수 있다.

　　라는 정도로 규정내린다. 이 지적은 중요한대, 그간 풍물굿 용어를 사용하는 진영에서 주장해왔던, 일제가 식민지 지배를 위해 의도적으로 유포시켰고, 그 근거는 1936년 조선총독부에서 펴낸『부락제(部落祭)』이다라고 하는 주장은 문헌적 조사상으로는 사실이 아니기 때문에 더욱 더 깊은 조사와 해석이 필요해진 것이다.

　　[고찰]의 결론은, 농악이라는 용어를 통칭으로 사용하기에는, 역사적 고착화과정을 추적해보건데, 더욱 심도 있는 논의가 진행되어야 한다는 것이다.

결국, 현존 의미에 근접한 농악이란 용어의 사용은 19세기 후반부터라 할 수 있으며, 그것도 일부 유생들이 농민들이 향유하는 타악 위주의 음악이란 의미로 사용했다. 이것이 일제 강점기에 일본인 관리와 학자, 신문과 잡지 등에 의해 확산되고 일반화되었으며, 해방 이후에 그 용어는 그대로 고착화되었다.

앞으로 농악 용어의 타당성과 지속적 사용 여부에 대한 논의는 관련 용어인 풍물(風物), 매귀(埋鬼), 금고(金鼓), 군고(軍鼓), 사고(社鼓), 걸공(乞供, 걸궁), 걸량(乞糧), 풍악(風樂), 화반(花盤) 등에 대한 정밀한 역사적 검토를 통해 이루어져야 한다. 그리고 예술적·사회문화적 성격, 미래 전승 방식, 전승주체 등을 두루 고려해서 심도 있는 논의가 수반되어야 한다.

그래서 [방향]에서는 한 걸음 더 나간다. "용어의 역사적 기능, 현실적 의미, 사회문화사적 관계 등을 두루 고려해야 하는 매우 민감한 문제이다."라며 다음과 같은 관련 용어에 대한 종합적 결론을 내린다.

농악은 현실적으로 일반화되고 공식화된 용어라는 장점이 있으나, 19c 후반 동학혁명 시기 현지 용어가 아닌 일부 유학자의 타자적 시각에서 사용되고, 일제 강점기에 일본에 의해 고착화되어 해방 후 일반화되었다는 점이 문제로 드러난다.

풍물은 초기 궁중 및 관의 악기나 관련 음악의 성격이 강하지만, 20세기 사회주의운동과 민중문화운동 세력에 의해 원래 의미와 다르게 정착되었다. 따라서 역사적 의미와 20세기 정착과정의 격차를 어떻게 극복하느냐는 문제가 제기된다. 풍물굿도 1980년대 문화운동권에서 굿에 관심을 가지며 농악과 풍물의 대안 용어로서 풍물과 굿을 합친 신조어의 한계를 지닌다.

[방향]은 농악 관련 용어의 역사적 사용과 기능의 변화를 주로 다루면서, 결론으로 용어 사용은 그 방향성을 보다 더 가져야 한다고 한다. 연구 방식은 농악 이외의 다른 용어들을 기록을 통해 살펴보면서 각 용어들이 역사적으로 언제, 어떤 의미로 사용되고, 어떤 기능을 지녔는지를 헤아려보고 있다. 이는 앞서 최장주교수께서 요약해주셨듯이 금고(金鼓), 군고(軍鼓), 풍물(風物), 매귀(埋鬼), 사고(社鼓), 쟁고(錚鼓), 걸공(乞供), 화반(花盤) 등을 의미, 성격, 전승 양상, 사용자 인식, 악기 지칭 관련성, 지역성 등의 문제로 다양하게 살펴보고 있다.

그리고 실제적으로 방향성을 위해서 중요하게 고려할 것이 20세기 초중반까지 각 지역에서 실제 사용되던 용어가 무엇이냐의 문제의식으로 농악, 풍물, 걸궁, 금고, 군고, 매귀 등의 용어가 20세기에도 사용되고 있다는 점을 해석하려고 있는 점이다. 전자가 보다 학술적 자료로서 가치가 있다면 후자는 현실 실행적 가치를 위해 실제적으로 단서를 주고 있다. 그래서 [방향]에서 '방향'이라는 결론은 여전히 미완의 숙제로 제시되지만 이 논문의 주요 논지가 충분히 된다고 여겨진다.

[고찰]과 [방향]은 통칭으로 굳어져 가는 농악이라는 용어를 현실적인 고민 차원에서 새삼 점검해볼 필요가 있게 해준다. 이는 '용어의 권력'으로서가 아니라 '용어의 이면(裏面)'을 헤아려보자는 보다 성숙한 입장을 견지한다면 보다 당대 삶의 절절한 문화 양식으로 숙성되며 진화하는 데 좋은 방향성을 도출해내는 밑거름이 될 것이다.

풍물굿이라는 신조어(?)는 필자가 만들어 강력하게 주장했고[6] 지금도 이 용어를 가치 개념으로 사용하고 있다. 70년대까지 일견 무력했던 문화 전반에 탈춤부흥운동을 계기로 불같이 번져갔던 민속, 민족문화 당대적 재생에 대한 흐름은 당시 시대정신의 한 자락을 이루어내었다. 민속의 재발견이 아니라 정신문화에 대한 점검과 성찰이었고, 당대 대중의 삶 전반을 긍정적으로 전이시키는 정신사적, 문화사적 소용돌이었다. 그러한 배경을 가지고 다시 찾아내어 소통 현장에서 자부심을 가지고 불렀던 용어가 풍물(굿)이었다. 민

---

6)   김인우, 「풍물굿과 공동체적 신명」, 민족굿회편,『민족과 굿』, 학민사, 1987.
      당시 필자는 노동운동을 하며 공장에 다니던 시기라 여타 활동가들처럼 '김인우'라는 다른 이름을 사용했다

속유산으로서의 농악이 풍물굿으로의 당대 재생이라는 목표와 활동이 광범위하게 있었다. 근원적이고 당대적인 현실 욕구와 미래 가치에 대한 추구를 하였다. 당시 대다수 사람들이 절절한 삶을 거치며 진화해나가는 과정에 풍물굿이 재생되어 놓여졌고, 앞으로도 그렇게 놓여져야 한다고 생각하기 때문이다.

풍물굿은 70년대 말에 재생(再生)되기 시작했다. 그 이전에는, 근한 세기에 걸친 근현대사의 질곡과 같이 쇠락하면서도 문화적 힘으로 버텨왔던 자생적 풍물굿이 여러 지역에 아직 남아 있었고, 대회굿이었지만 농악경연대회가 꾸준히 있었고, 그리고 민속학적 보존의 관점에 머물렀지만 민속예술경연대회 등을 통해 이따금씩 선보이기도 했다.

그러나 그것이 긍정적인 시대정신과 제대로 만나면서 새로이 조명되고 폭발적인 호응을 얻은 것은, '재생'되어 현실 속에서 활발히 살아나가기 시작한 이후의 80년대부터이다.

'재생'되었다는 것은, 풍물굿을 '다시' 많은 사람이 치기 시작했다는 의미가 아니다. 단지 양적 팽창을 이르는 것이 아니다. 새로운 생명력을 얻었다는 것이다. 그 새로움은 풍물굿이 시대정신과 적극적으로 조우하고, 당시의 정치적 상황, 아니 역사적 차원의 사회모순 구조를 타개하기 위한 문화-예술적 반작용으로 시작되었다는 것이다.

민중들의 자기 실현의지와 적극적으로 만나고, 민중창작의 의미와 진정한 놀이성을 회복 정착시켜 나갔으며, '공동체 의식'의 사회-문화적 계기를 만들었다.

전통의 의미가 보존이 아니라 당대성의 밑천이라는 진보된 관점을 만들었고, 제도적으로 고착화되어가는 관념적 예술관에 대한 진지한 문제제기가 되었을뿐더러 새로운 미학을 탄생시키기까지 하였다. 무엇보다 대중들 속에서 명확한 민중성을 가지고 같이 향유되었다. 즉 이전까지와는 다른 새로운 질의 사고와 실천들이 풍물굿 속으로 용해되어 들어왔던 것이다. 그러한 힘이 밑천 되었기 때문에 지금 시기, 보다 급격하게 변화되는 사회-문화 환경 속에서 또다시 낯익고 새로워져야 하는, '재생'의 성과를 잇는 문화-예술적 발전의 길을 여전히 모색할 수가 있게 된 것이다.

새로운 생명력을 민중 속에서 얻어나가고 있는 시기에 우리들은 이를 풍물굿이라고 불렀다. 이전까지 통칭으로 여겨져 왔던 농악이라는 개념을 비판하면서 이 용어를 정착시키려 노력했다. 이는 이전까지와는 다른 용어를 사용하기 시작했다는 단순한 문제가 아니다.

당시 농악이라는 개념에 대한 비판의 핵심을 두 가지였다. 하나는 일제의 민족문화 말살정책에 의해 의도적으로 만들어진 불순한 개념이며, 다른 하나는 농악이 '농민'들의 '음악', 즉 계층과 예술적 범주를 한정시키기 때문에 이미 변화한 시대의식과 환경, 그리고 새로운 광범위한 수용 계층에 조응하지 못하는 개념이라는 것이다.

그 대안으로, 즉 식민의 불순한 의도와 그 이후에도 식민사관적 학술 상태로 온존되는 것을 극복하고 새로운 환경에 걸맞은 개념 정립을 위해 등장한 것이 풍물굿이라는 용어이다. 현장에서 그간 민중들이 스스로 만들어내고 문화시키고 자의식을 가지고 부르고 있었던 이른바 속칭들에서 알맞은 용어가 확인되고, 그 중 광범위하게 쓰인 풍물굿이 통칭이 되어 널리 퍼지게 되었다. 그리고 이것은 의식 있는 대중들의 지지로 정착되어 나가기 시작했다.

그래서 이런 역사적 동인과 과정에 조응하며 새로이 정립된 풍물굿 개념은, 노동현장, 농촌현장, 대학가, 일반 시민시회 등 의식 있는 많은 풍물굿 수용자들이 있는 곳에서 자부심을 가지고 불리어졌다. 그리고 그러한 내적 힘을 갖는 풍물굿은 주지하다시피 80년대를 관통하면서 시대정신을 버텨 세우는데 문화-예술적으로 말 못할 기여를 했으며, 그 과정에서 수많은 대중에게 친근한 사랑을 받았다.

전통문화에 대한 의식이 당대에 새롭고 유의미한 흐름으로 대두되는데 앞장서서 미학-예술적 선전과 실천을 하였다. 그리고 그 빼어난 장점인 대중들과의 수많은 직접적 접촉을 통해 생활 현장에서, 지금, 현실성으로 커나가고 있다. 즉 구체적인 현실 속에서 당대성으로 활달하게 '살아있는' 개념이 바로 풍물굿인 것이다.[7]

그래서 필자는 기본적으로 풍물굿이라는 용어를 사용한다. 이

---

7) 김원호, [다시 명칭에 대하여], 『풍물굿연구』 학민사, 1999년.
    인용문 중, '일제의 민족문화 말살정책에 의해 의도적으로 만들어진 불순한 개념'은 정형호 교수가 [방향]에서 일제 강점기에 고착화는 확연히 되어가지만 일제의 말살정책이 의도 한것은 아직 불분명하다라는 의견에 동의한다. 18년 전 당시에는 농악 용어에 대한 연구가 그리 깊지 않았기 때문이다.

용어를 가치 개념으로 삼아 패러다임을 만들고 주요 논지를 펼친다. 그런데 농악이라는 용어도 혼용한다. 각자의 주장과 가치 지향이 다르기 때문에 둘 다 속칭으로는 유의미하다고 여기기 때문이다. 그리고 각자가 속칭으로서 자신의 장점을 키워나고 현실의 가치와 감수성으로 소통되는, 당대 삶의 문화양식으로 노력했으면 하기 때문이다. 그래서 용어의 이면인 당대성의 관점을 늘 놓지 않으려 한다.

필자가 보기에 결국 농악이 보편적 용어로 된 확실한 계기는, 관에서 주도한 전국민속경연대회와 결국은 사회적 권력이 된(인문적이고 문화예술적 확장성이 아닌) 인간문화재 시스템이 도입되면서부터이다. 2014년에는 농악이라는 용어로 세계문화유산으로 등재되기 위해서 개념의 통칭이 급해졌고, 그 결과, 내용의 당대적 발전 모색이 동반되지 않은, 용어적 차원에서 사회적 고착화 과정을 거쳤던 농악 용어가 통칭되고 있다. 그래서 더욱 용어의 이면이 생생하게 드러나고 준거될 필요가 있는 전환점이 된 것이다.

농악이라는 용어를 사용하는 대부분의 단체는, 이른바 두레의 시대 이후 일제 강점기와 개발독재 시대를 거치면서 전 근대적 문화양식의 흔적으로 남은 '농악'을 일단 잘 추스러서 보존하려 하고 있다. 풍물굿을 사용하고 있는 이른바 굿쟁이나 단체들은, 7~80년대 시대정신과, 그를 통해 열린 미래적 생산 가치를 통해 당대에 광범위하게 재생된 풍물굿을 현재적 문화양식이라 여기고 '지금의 삶'

속에서의 변화, 발전을 꾀하고 있다. 존재 가치, 신명과 대동, 성속일여, 굿성이라는 미학적 담론과 실천을 당대 감수 언어로 형성해내고 있다.

서로 다른 가치관으로 농악, 풍물굿이라는 용어를 각각 사용하고 있는 것이다. 따라서 용어의 주장으로만 각자의 가치 지향을 무디게 하지 말고 각자의 긍정적 가치관과 미학대로 지금 시대 사람들의 감수성과 보다 폭넓고 깊게 만나야 하는 일들을 통해 통칭의 실제성을 헤아려 보아야 한다.

그래서 생각하기를, 강원도 농악에 대한 학술연구 지원자들에게 심의위원이었던 최창주교수께서 주신 논문 [방향]은, 용어의 권력이 아니라 용어의 이면을 헤아리면서 학술연구를 하라는, '방향'을 지침하신 것이라고 여겨진다. 참 고마운 일이다.

강원도 풍물굿을 공부하고, 더늠하고, 연행하고 있는 입장에서 정형호교수의 논문은 다음과 같은 주장들이 좀 더 스스로 심화되어야 하는 계기를 주었다라고 여겨진다. 그간 강원도에서 농락이라는 말이 쓰였다는 말로 농악이 통칭이 되어야 한다는 주장이 있었는데,[8] 정형호교수는 조사 연구를 통해 "강원도 일부에서 사용한 속

---

8)　이보형, 「농악의 개념과 역사」, 1997년 7월 19일, (사)한국농악보존협회 주관의 학술 발표회 자료집.

칭일뿐이다"라고 규정한다. 즉 "강원도를 빌어서 통칭의 근거를 대는 것은 무리이다"라는 얘기를 한다.

필자 생각에도 '강원도의 농악'이 어떤 과정을 통해 사람들의 세시와 통과의례로 살아왔는지, 그 문화사적 의미부터 미학과 예술론 차원에서도 조망하며 당대성을 가지는 심도 있는 주장이 되어야 할 것인지가 더 사유되고 실천되어져야 된다고 생각한다.

"요즘 농악이라는 용어를 폐기하라는 주장이 있으나, 농악이라는 용어가 이미 보편화되었고, 또, 이 용어가 강원도에서 농악이라는 말로 쓰이고 있는 용례에서 볼 수 있듯이 전통사회에서 이미 쓰인 용어이니 그대로 쓰는 것이 좋다고 보인다. '농악'이라는 용어는 農民樂의 줄인 말로 보인다. 與民樂을 여민악이라 이르지 않고 '여민락'이라고 이르듯이 農民樂을 농민악이라 이르지 않고 '농민락'이라 일렀던 것을 줄여서 '농악'이라 이르는 것으로 보인다. '농악'이라는 용어가 일제 때 일본인들이 쓴 것이라 하나 강원도 지역에서, 특히 영동지역에서 농악이라는 말이 보편적으로 쓰이는 것을 보면 농악이라는 말은 일본인들이 처음 쓴 것이 아니고, 우리나라에서 본디부터 쓰던 용어라는 것을 알 수 있다."

오래전 농악 용어에 대한 연구가 많지 않던 시기에 하나의 가설적 주장으로 논지되었으나, 어쩐 일인지 이 주장이 농악을 통칭화하려는 측에서 부단히 근거로 사용하기 때문에 걱정이 된다.